NO TENDRÁS SED JAMÁS

Cómo encontrar satisfacción plena
en un mundo muerto de sed

STEVE HOPPE

I0809549

EDITORIAL
PORTAVOZ

La misión de *Editorial Portavoz* consiste en proporcionar productos de calidad —con integridad y excelencia—, desde una perspectiva bíblica y confiable, que animen a las personas a conocer y servir a Jesucristo.

Para papá. Te veré pronto.

Publicado originalmente en inglés por The Good Book Company con el título *Sipping Saltwater*, © Steve Hoppe/The Good Book Company, 2017. Traducido con permiso.

Edición en castellano: *No tendrás sed jamás,* © 2020 por Editorial Portavoz, filial de Kregel Inc., Grand Rapids, Michigan 49505. Todos los derechos reservados.

Traducción: Nohra Bernal

Ninguna parte de esta publicación podrá ser reproducida, almacenada en un sistema de recuperación de datos, o transmitida en cualquier forma o por cualquier medio, sea electrónico, mecánico, fotocopia, grabación o cualquier otro, sin el permiso escrito previo de los editores, con la excepción de citas breves o reseñas.

A menos que se indique lo contrario, todas las citas bíblicas han sido tomadas de la versión Reina-Valera © 1960 Sociedades Bíblicas en América Latina; © renovado 1988 Sociedades Bíblicas Unidas. Utilizado con permiso. Reina-Valera 1960™ es una marca registrada de American Bible Society, y puede ser usada solamente bajo licencia.

El texto bíblico indicado con "NVI" ha sido tomado de *La Santa Biblia, Nueva Versión Internacional*®, copyright © 1999 por Biblica, Inc.® Todos los derechos reservados.

El texto bíblico indicado con "NBLA" ha sido tomado de la Nueva Biblia de las Américas, © 2005 por The Lockman Foundation. Todos los derechos reservados.

Las cursivas añadidas en el texto bíblico son énfasis del autor.

Este libro incluye muchos ejemplos. Algunos nombres y detalles que hacen posible la identificación de las personas han sido cambiados con el fin de proteger la confidencialidad.

EDITORIAL PORTAVOZ
2450 Oak Industrial Drive NE
Grand Rapids, Michigan 49505 USA
Visítenos en: www.portavoz.com

ISBN 978-0-8254-5893-4 (rústica)
ISBN 978-0-8254-6792-9 (Kindle)
ISBN 978-0-8254-7614-3 (epub)

1 2 3 4 5 edición / año 29 28 27 26 25 24 23 22 21 20

Impreso en los Estados Unidos de América
Printed in the United States of America

CONTENIDO

SED

"Agua, agua por todas partes,
ni una gota para beber".
Samuel Taylor Coleridge, *The Rime of the Ancient Mariner*
[Balada del viejo marinero]

"Prepárense para chocar".

Esas fueron las últimas palabras que se oyeron en el Green Hornet. En la primavera de 1943, el avión de combate de la Segunda Guerra Mundial y sus once tripulantes salieron en una misión de rescate sobre el océano Pacífico. Después de recorrer aproximadamente 320 kilómetros, el avión perdió sus dos motores izquierdos, se precipitó en espiral descendiente hacia el mar y estalló en el impacto.

En el Green Hornet se encontraba Louie Zamperini, una celebridad nacional de la época. Louie había llegado octavo en la carrera de los 5.000 metros en los Juegos Olímpicos de Berlín, y se había pronosticado que correría la primera milla en menos de cuatro minutos. ¿La buena noticia? De algún modo, Louie sobrevivió ileso al impacto. ¿La mala noticia? Se encontraba a la deriva en el océano más grande del mundo. Y nadie sabía que estaba allí.

Durante los 47 días a la deriva en el Pacífico, Louie enfrentó desafíos extremos. Su piel quemada por el sol se llenó de ampollas y la sal le produjo llagas. Sus labios inflamados presionaban con fuerza contra su nariz y su mentón. Por la falta de alimento perdió casi un kilo de peso al día. Para colmo de males, dos enemigos lo perseguían. El primero venía de debajo de él: una bandada de tiburones de casi cuatro metros que se divertían frotando sus lomos contra su frágil balsa inflable. El segundo venía de arriba: los japoneses. Después de semanas de flotar a la deriva, uno de sus aviones divisó a Louie. Le dispararon a su balsa. De algún modo, fallaron el blanco.

A pesar de estos y otros desafíos que amenazaban la vida de Louie, quizás la mayor amenaza para su supervivencia venía de su interior.

Sed.

¿Sed? ¿Cómo era posible? Todo lo que veía a su alrededor era agua. Agua fría, fresca, cristalina. Parecía agua potable, se sentía como agua potable e incluso sonaba como agua potable. ¿Cómo era posible que sufriera de sed?

Louie estaba rodeado por 165 millones de kilómetros cuadrados de *agua salada.* Y no podía tomar un solo sorbo de ella.

Si Louie hubiera bebido el agua del mar que tenía a su alrededor, ¿qué le habría sucedido? Primero, el agua salada habría secado sus mucosas y lo habría dejado más sediento que antes. Segundo, habría experimentado la peor resaca de su vida. Habría sufrido de diarrea explosiva, un violento dolor de cabeza, calambres musculares, mareo, boca seca, vómito, aumento de la presión arterial y de la frecuencia cardíaca, falla renal, alucinaciones, coma, insuficiencia en todos sus órganos, daño cerebral continuo e irreparable. Al final, beber agua salada lo habría matado.

Louie resistió las ansias de beber agua del Pacífico. Y sobrevivió. No sin gran esfuerzo. Pero sobrevivió.

¿Por qué empiezo con esta historia?

Porque, a diferencia de Louie, *nosotros bebemos agua salada.*

Algunas personas la beben a tragos. La mayoría tomamos pequeños sorbos sin darnos cuenta.

Y de eso se trata este libro...

1. NUESTRA SED PERSISTENTE

Mi padre falleció mientras yo escribía este libro.

Al reflexionar en sus 67 años de vida hay algo que sobresale. No es su inteligencia, que era excepcional. No es su agudo sentido del humor que fascinaba a las personas dondequiera que iba. No es su larga lista de logros profesionales, que su humildad le impidió revelar. No es su buen aspecto, carisma ni encantadora capacidad de autocrítica. Si bien estos fueron rasgos característicos de mi padre, hay uno que sobresale por encima de todos los demás.

Mi padre era alcohólico.

Por desdicha, en mis recuerdos de mi padre predominan una serie de sucesos, experiencias, situaciones, imágenes, olores y sonidos directamente ligados a su problema de cuarenta años con el alcohol. Recuerdo cuando intentó entrenar a mi equipo de baloncesto, pero estaba demasiado ebrio para driblar. Recuerdo cuando intentó pichear en un juego de liga menor de béisbol, pero estaba demasiado ebrio para lanzar la pelota. Recuerdo cuando se fracturó la pierna en las afueras de su oficina de abogados en Chicago después de una caída, por ebriedad. Recuerdo el olor penetrante a cerveza y Listerine que me daba a entender que llegaba de la oficina. Recuerdo el murmullo sutil en su voz que presagiaba otra noche de pelea entre él y mamá. Recuerdo cómo lloraba en mi habitación cuando mamá en su desesperación le imploraba a mi papá que buscara ayuda. Recuerdo que él insistía en que no la necesitaba. Recuerdo sus frecuentes pero vanas promesas de cambio. Recuerdo que me sentía constantemente confundido, decepcionado, triste y avergonzado por ser hijo de un alcohólico.

Recuerdo muchas cosas. Un puñado de cosas buenas. Y muchas malas. En mis años de infancia y adolescencia yo no lograba comprender por qué mi padre bebía tanto. Era un apuesto y brillante graduado de la Ivy League que trabajaba como abogado para una de las firmas legales más prestigiosas en Chicago. Tenía una esposa abnegada y tres hijos saludables a quienes amaba y que lo amaban mucho. Vivía en una hermosa casa en las afueras de la ciudad y tenía más dinero de lo que necesitaba. Ante todo, era un tipo realmente simpático. Todo el mundo lo quería. Todo el mundo. Sin embargo, bebía al terminar cada día de trabajo, bebía sin parar una cerveza tras otra hasta quedar completamente ebrio. Cada día. Sin falta.

Con el tiempo lo perdió todo. Perdió el trabajo de sus sueños y una serie sucesiva de trabajos que poco a poco eran inferiores en prestigio y en salario. Perdió a su esposa, que se divorció de él después de dieciocho años de matrimonio. Perdió a sus hijos y se vio obligado a aceptar el rol de padre de fines de semana y nada más. Perdió su hermosa casa de los suburbios y terminó en un sórdido apartamento de una sola habitación en la zona deprimida de un pueblo cercano. Perdió decenas de miles de dólares. Perdió un sinnúmero de relaciones. Perdió su dignidad. Perdió su reputación. Lo perdió todo.

Y aun así, seguía bebiendo.

¿Por qué?

Sed de un paraíso

¿Por qué mi padre bebía tanto? ¿Por qué eligió deliberadamente tomar una cerveza tras otra cuando conocía las terribles consecuencias de cada sorbo? ¿Por qué estuvo dispuesto a seguir consumiendo una sustancia que estaba arruinando su vida? ¿Por qué papá prefería la cerveza por encima de todo lo que tenía valor para él?

La respuesta automática es simple: adicción. Mi padre era adicto al alcohol. Empezó a beber en la universidad como una válvula de escape del estrés, siguió bebiendo para hacer frente a los desafíos del matrimonio y la paternidad, y con el tiempo se volvió adicto. La adicción se apoderó de su mente, de su cuerpo y de su alma. Lo dominaba por completo. Y él dejó que lo dominara.

Sin embargo, esta explicación no es suficiente. ¿Por qué? Limitarse a etiquetar a mi padre como un adicto no revela la raíz de su problema. Apenas rasguña la superficie. Hay una razón más interna y profunda por la cual él eligió beber en un principio y seguir haciéndolo aun después de perderlo todo. Empieza con una palabra.

Sed.

Mi padre tenía sed. No me refiero a una sed física por beber cerveza. Esa sed no era física. Era espiritual. Aunque él no era consciente de ello, mi padre tenía sed de algo más de lo que la cerveza podía ofrecer. Más de lo que este *mundo* podía ofrecer. Algo más satisfactorio. Algo más poderoso. Algo más gratificante, refrescante y reconfortante. Algo que pudiera llenar el vacío agobiante en su corazón. Algo que pudiera traer paz a su agitada alma. Algo que pudiera librarlo de su vacío existencial.

Algo celestial.

Mi padre tenía sed de un paraíso. Trató de apagarla con cerveza, pero esa solución era inviable.

En el libro de Eclesiastés, la Biblia habla acerca de esta sed de un paraíso. Allí, el autor dice que Dios "ha puesto eternidad en el corazón" del hombre (Eclesiastés 3:11). En otras palabras, Dios nos ha creado a todos con un anhelo incesante de un mundo perfecto y eterno. Un mundo de amor, bienestar y belleza sin límites.

Un mundo en el cual nunca se agoten las sonrisas, las risas o el juego. Un mundo en el que nuestros cuerpos permanezcan fuertes, nuestras mentes se conserven lúcidas y nuestros corazones se mantengan puros. Un mundo sin peleas, temores o fracasos. Un mundo sin enfermedad. Un mundo sin heridas. Un mundo donde *nada* duela. Un mundo de placer sin medida y de gozo infinito.

Un mundo que no podemos obtener abriendo una cerveza.

Nacemos sedientos de un mundo que está más allá de este. Estamos sedientos de un paraíso. Mi padre lo estaba. Todos lo estamos.

No obstante, esto supone un problema.

Nuestro mundo *no es* un paraíso. Nuestros trabajos son estresantes, agotadores e insatisfactorios. Nuestras relaciones son conflictivas. Nos enfermamos de cáncer. Nos fracturamos huesos, vomitamos y nos da hemorroides. Nos sentimos nerviosos, temerosos, enojados y molestos. Sucede el holocausto. Sucede un 11 de septiembre con ataques terroristas. Hay pobreza, genocidio y hambrunas. Terroristas activan bombas. Nuestros autos se estrellan. Los libros son una tarea increíblemente ardua. Pasamos años sin hablar con nuestros parientes. El divorcio divide a las familias. Huracanes, tsunamis y terremotos destruyen el planeta. El amor se marchita. La paz mundial es una imposibilidad trillada. Nos salen arrugas, granos, manchas y calvas. Rara vez sonreímos. Pocas veces reímos. Casi nunca nos relajamos y jugamos. Nuestras mentes nos fallan. Nuestros corazones duelen. Siempre ansiamos más.

Al final morimos.

El mundo tal como lo conocemos no tiene nada de paradisiaco.

¿Por qué? ¿Por qué no encontramos un paraíso por ninguna parte?

El paraíso perdido

La respuesta se remonta al primer libro de la Biblia, el libro de Génesis. En Génesis capítulo 2 encontramos el paraíso original: el huerto de Edén. También encontramos el dinámico dúo desnudo de Adán y Eva, los primeros habitantes de este paraíso.

En el huerto, Adán y Eva gozan de un privilegio único. Se les permitió vivir con Dios. Pueden hablar directamente con Él, oír su voz audible y experimentar cada gramo de placer que Él provee. Son compañeros de habitación con Dios. Su hogar es el cielo sobre la tierra. Para siempre.

Existe una sola regla. Una sencilla restricción en su dieta. Dios les dice que no pueden comer de un árbol, del árbol del conocimiento del bien y del mal. ¿Por qué no? Un mordisco de su fruto les daría un nivel mayor de conocimiento que llevaría a la independencia de Dios en lugar de dependencia de Él. Si Adán y Eva comían de ese fruto, Dios les había advertido que serían despojados de su vida eterna en el paraíso. Se les prometió muerte.

Acto seguido, el diablo, disfrazado de serpiente, entra en la escena y engaña a Eva.

> No moriréis... sino que sabe Dios que el día que comáis de él, serán abiertos vuestros ojos, y seréis como Dios, sabiendo el bien y el mal (Génesis 3:4-5).

La serpiente llama a Dios un mentiroso. Le dice a Eva que no morirá si ella come del fruto prohibido. De hecho, le promete que será como Dios si le da un mordisco. Y Eva pica el anzuelo. Muerde el fruto y su esposo accede cuando ella le ofrece.

¿Cuál es la respuesta de Dios? Él los castiga. Le dice a Eva que tener hijos será doloroso y que el matrimonio será una lucha de poder. Luego dice a Adán que su trabajo como agricultor será agotador. La tierra será maldita, su cuerpo será inadecuado y trabajará hasta el día de su muerte, momento en el cual volverá al polvo del cual fue tomado (Génesis 3:16-19).

Sin embargo, lo peor de todo es que son expulsados del paraíso.

Después que Adán y Eva comen del fruto prohibido, Dios los arroja del paraíso. Para jamás regresar. Para nunca vivir en el hogar que Dios quiso darles originalmente. Para nunca experimentar el gozo, la belleza, el deleite y la satisfacción que Él quería para ellos. Fueron desterrados del paraíso y sentenciados a morir apartados de Dios.

Y nosotros también. También hemos sido desterrados del paraíso. Tú lo has sido. Al igual que yo. Todos hemos sido desterrados.

El mismo equipo

¿Por qué hemos sido desterrados del paraíso?

Estamos en el mismo equipo de Adán y Eva. Somos tan codiciosos como ellos. Somos tan egocéntricos como ellos. Somos igual de rebeldes. Somos igualmente pecadores. De hecho, hemos heredado su naturaleza pecaminosa. Estamos dominados por las pasiones de nuestros corazones egocéntricos. Seguimos nuestra sabiduría defectuosa. Hacemos lo que no deberíamos y no hacemos lo que deberíamos. Despreciamos a nuestro cónyuge, irrespetamos a nuestros padres e ignoramos a nuestros hijos. Engañamos en nuestros impuestos, diezmos y tarjetas de horario de trabajo. Somos pasivo-agresivos, profanos y orgullosos. Olvidamos dar gracias, nos negamos a sacrificar y somos un desastre amando. Pertenecemos al equipo de Adán y Eva de los rebeldes contra Dios.

Así que enfrentamos la misma consecuencia que ellos. Hemos sido desterrados de la presencia de Dios, destituidos del huerto metafórico. En lugar de vivir con Él cara a cara en una euforia eterna, estamos separados de Él en este mundo, un mundo lleno de sufrimiento y caos.

El paraíso no aparece por ninguna parte.

Crisis en Michigan

Entendí con dolor que la vida es *todo* menos un paraíso durante mi primer año en la Universidad de Michigan.

A simple vista, mi vida era increíble. Me encontraba en la institución académica de mis sueños en un programa de ingeniería de primer nivel. Vivía en unas dinámicas residencias mixtas con un grupo de compañeros centrados y alegres. Tenía una novia en una universidad cercana a quien veía cada dos semanas. Pertenecía a una fraternidad de primera categoría. Ese año, mi universidad había ganado el campeonato nacional tanto de fútbol americano como de hockey. A todas luces, yo *debía* ser feliz.

Sin embargo, en lugar de eso sufrí un colapso nervioso.

Una semana después de mi llegada a la universidad, me invadió una ansiedad inexplicable. Desde el instante que me despertaba hasta el momento que me acostaba en mi cama, sentía como si tuviera nueve tazas de café en mi cuerpo. Sentía un bombardeo de pensamientos. Mi corazón latía con fuerza. Rara vez lograba dormir. Los ataques de pánico eran rutinarios. Me volví paranoide, cuestionaba obsesivamente la fidelidad de mi novia sin razón. En varias ocasiones, tuve que abandonar las sesiones de estudio en grupo porque quedaba empapado en sudor de los nervios. Con el tiempo apareció la depresión. Pasé muchas noches recorriendo el campus llorando. Me sentía solo en mi cabeza disfuncional.

Decidí buscar ayuda. Durante el receso del Día de Acción de Gracias me reuní con una psicóloga. Ella escuchó con atención y me enseñó algunos ejercicios de respiración que fueron útiles. Pero la ansiedad no disminuyó. En el receso de Navidad vi a una psiquiatra. Ella me formuló una fuerte dosis de antidepresivos y me hizo muchas preguntas acerca de mi vida sexual. Ni los medicamentos ni la charla sobre el sexo ayudaron.

Regresé a la universidad para mi segundo semestre y todo empeoró. De repente, el salón de clases se volvió estresante. Me volví ansioso de estar ansioso, lo cual solo me puso más ansioso. No podía comer ni dormir. Me sentía atrapado. Quería escapar.

¿A dónde?

No tenía idea. ¿A un lugar sin ansiedad? ¿A un lugar donde no me sintiera paralizado y loco interiormente? ¿A un lugar donde no pareciera distante y raro exteriormente? ¿Donde yo fuera mentalmente estable? ¿Donde no experimentara más palpitaciones, dolores de cabeza ni episodios de sudor descontrolado? ¿Donde las personas me aceptaran? ¿Donde el nerviosismo, el llanto y la paranoia no existieran? ¿Un mundo sin sufrimiento?

Aunque no lo hubiera expresado de ese modo, yo estaba sediento de un paraíso.

Y Dios me lo estaba ofreciendo. Él me ofrecía una bebida que *saciaría* mi sed de un paraíso perdido. Una bebida que habría saciado la sed de mi padre. Una bebida que saciará la tuya. Una bebida que satisface no solo tu cuerpo sino tu alma. Más pura, preciosa, potente y agradable que cualquier cosa que este mundo pueda ofrecer. Una bebida que Dios me ofrece cada día. Que te ofrece a ti cada día. Que ofrece a todos los que quieran beberla. *A todos.*

Sin embargo, neciamente rechacé el ofrecimiento. Busqué saciar mi sed en otro lugar. Bebí algo diferente. Tomé una bebida diferente.

¿Qué bebida tomé? Lee y lo descubrirás...

2. LA BEBIDA DE NUESTRA ELECCIÓN

"En la bebida".

Esa fue una expresión popular en inglés (*"in the drink"*) para describir a los sobrevivientes de los accidentes aéreos de la Segunda Guerra Mundial. Cuando Louie Zamperini cayó en medio del Pacífico, estaba "en la bebida".

A pesar de que el término era pegajoso y poético, tenía un problema. No era cierto. Louie no estaba "en la bebida". Él sabía que beber el agua que estaba a su alrededor habría sido catastrófico. Esa agua no habría apagado su sed sino que la habría aumentado. No habría aliviado su malestar sino que lo habría empeorado. No habría prolongado su vida sino que le habría puesto fin.

Louie sabía que en realidad no estaba "en la bebida".

Si tan solo nosotros fuéramos igualmente sabios...

El paraíso prometido

En nuestra condición de sed persistente de un paraíso perdido, ¿qué bebemos? *Agua salada.* Consumimos cosas que se ven, se sienten y suenan como algo que va a saciar nuestra sed. Prometen un placer incomparable. Anuncian bienestar, gozo, fortaleza, paz y emociones ilimitados. Aseguran librarnos de nuestros temores, lágrimas, preocupaciones, culpa y vergüenza. Garantizan llenar los vacíos de nuestro corazón y calmar nuestra alma angustiada.

Nos prometen un paraíso.

No obstante, no pueden cumplir. Las bebemos, pero nuestra sed persiste. De hecho, quedamos más sedientos. Y experimentamos resacas desastrosas como resultado; consecuencias negativas a nivel espiritual, físico y social.

No, esta agua salada no viene del océano. Viene en una variedad de formas del mundo que nos rodea y del interior de nuestros corazones. Viene en forma de dinero, sexo, control o comodidad. Viene en forma de ajetreo, gente, comida u obras. Puede venir en *cualquier* forma. Para mi padre, vino en forma de licor.

A pesar de que estamos sedientos de un paraíso perdido, preferimos beber agua salada, en un millón de formas diferentes.

¿Cuántas calificaciones "excelente" son suficientes?

Volvamos al colapso nervioso que sufrí el primer año de universidad. ¿Cómo respondí frente a esto?

Bebí agua salada. ¿En qué forma? En forma de calificaciones. En un esfuerzo por recuperar el control sobre mi vida, consagré todo a mis estudios. Estudiaba cuando me levantaba. Estudiaba entre clases. Estudiaba durante las comidas. Estudiaba los viernes en la noche mientras mis hermanos de la fraternidad iban a los bares. Estudiaba el sábado en la tarde mientras mis compañeros de habitación jugaban a lanzar discos voladores, miraban partidos de fútbol y se entretenían con juegos de vídeo. Dejé de ir a la iglesia los domingos para estudiar. Pasé mis vacaciones estudiando. *Siempre* estaba estudiando.

En diciembre recibí mi reporte de calificaciones del primer semestre: cuatro "sobresalientes" y un "distinguido".

Me sentí mejor. Mi sed se calmó.

Por 15 minutos.

Después que pasó el efecto, estaba sediento otra vez. De hecho, estaba más sediento. Quería *mejores* calificaciones. De modo que trabajé aún más duro. Empecé a copiar capítulos enteros de libros de texto para asimilar el material de manera más completa. Repetía las series de problemas cinco veces para asegurarme de no caer en trampas a la hora del examen. Memoricé textualmente los apuntes de clase. Aproveché cada horario de atención que los profesores tenían disponible. Llegué al punto de trabajar entre 16 y 18 horas diarias en mis estudios.

En mayo recibí mi segundo reporte semestral de calificaciones: otra vez, cuatro "sobresalientes" y un "distinguido", pero esta vez, no sentí satisfacción alguna. De hecho, me sentí decepcionado.

A partir de ese punto, solo me satisfaría con "sobresalientes".

Lo logré el primer semestre de mi segundo año. Y de nuevo en el segundo semestre. Para mi tercer año, ya me había vuelto insensible a la euforia de un "sobresaliente" y necesitaba algo más. Lo encontré: la casi imposible de lograr, la calificación máxima de "excelente". Apenas logré unas pocas de estas, me propuse una nueva meta: "excelente" y nada más. *Eso* me satisfaría. *Eso* calmaría mi sed. ¿Así fue? Nunca lo descubrí. Lo máximo que logré fue cuatro "excelentes" y un "sobresaliente" en mi último año.

Una *mísera* calificación de "sobresaliente".

Mi resaca

Después de beber litros de agua salada ese primer año de universidad, sufrí dos síntomas dolorosos de resaca. El primero fue el deterioro en mis relaciones. Los hermanos de mi fraternidad me retiraron la membresía porque yo no estaba dispuesto a pasar tiempo con ellos en la casa de la fraternidad. Mis compañeros de cuarto dejaron de invitarme a fiestas porque daban por hecho que de todos modos yo iba a ponerme a estudiar. Mi novia me pidió distanciarnos, molesta con mi nueva obsesión con el estudio. Cuanto más estudiaba, más desagradable me volvía. Y las personas, con razón, me hicieron a un lado.

El segundo síntoma de resaca fue un *nuevo* tipo de ansiedad, el miedo al fracaso. Cuando un profesor me devolvía una tarea con una calificación "bueno" o (¡peor aún!) con una "suficiente", mi ansiedad se disparaba. Mi único mecanismo de defensa era entregarme aún más a los libros, dormir menos y estudiar más. Para cuando debía presentar los exámenes finales, por lo general podía enseñar mis clases mejor que mis profesores. No porque fuera inteligente. Estaba *obsesionado.* Estaba engullendo el agua salada del estudio. La bebí durante cuatro años de universidad, dos años de posgrado de ingeniería y tres años de seminario. Fue un atracón de agua salada de nueve años.

Agua de primera calidad

Aunque la Biblia nunca habla explícitamente acerca de beber agua salada, un pasaje expresa acertadamente una idea similar. En el segundo capítulo del libro de Jeremías, el profeta reprende a la tribu de Judá, una fracción del pueblo de Dios que vivía en lo que es Palestina en tiempos modernos. Esto dice:

> Así dijo Jehová:... Dos males ha hecho mi pueblo: me olvidaron a mí, fuente de agua viva, y cavaron para sí cisternas, cisternas rotas que no retienen agua (Jeremías 2:5, 13).

Veamos un poco de contexto para la ilustración de Jeremías en este pasaje. En la época de Jeremías, los judíos tenían por lo general tres fuentes de agua. La fuente de *agua de primera calidad* eran los manantiales o arroyos, agua corriente fresca que con frecuencia se denominaba "agua viva". El *agua de buena calidad* provenía de la tierra y se almacenaba por lo general en pozos. El *agua de calidad muy deficiente* se encontraba en cisternas, huecos superficiales en el suelo que eran recubiertos de yeso. Por lo general, el agua de estas cisternas no era más que agua sucia que se filtraba por la tierra y que estaba llena de insectos. Definitivamente no era ideal para el consumo.

Para empeorar las cosas, las cisternas de los judíos estaban resquebrajadas, y el agua se filtraba en el suelo adyacente hasta que la cisterna se desocupaba. Lo único que quedaba eran insectos muertos.

¿Qué quiso decir Jeremías? Primero, que los judíos tienen sed. No sed física, sino sed *espiritual.* Tienen la misma sed persistente que tenemos tú y yo, sed de un paraíso perdido. Segundo, que están tratando de calmar su sed aparte de Dios. Lo han abandonado por completo. Han depositado su esperanza en personas, lugares y prácticas que son vacías espiritualmente, tan vacías como cisternas rotas. Estas personas, lugares y prácticas son también impuras, adulteradas y contaminadas, tan contaminadas como el agua repugnante de cisternas llenas de insectos. Y del mismo modo que beber esta agua empeora la deshidratación física (por ejemplo, con diarrea y vómito), su deshidratación *espiritual* solo se agravaba.

Como si esto no fuera suficiente, los judíos también padecen de una resaca colectiva después de beber "agua de cisterna". Su nación está en decadencia. Su economía está arruinada. Su sistema político es corrupto. La moral ha caído en picada. Las naciones enemigas los acechan. La guerra es la nueva norma. Una oscura nube se posa sobre Judá.

Jeremías afirmó que los judíos estaban bebiendo agua de cisternas rotas. Yo digo que estaban bebiendo agua salada. Nos referimos a lo mismo.

Bebidas mixtas

Quizá te preguntes: ¿Puede mezclarse el agua salada? ¿Podemos probar diferentes tipos de agua salada a la vez? ¿Podemos hacerlo sin darnos cuenta? Definitivamente, sí. He aquí un ejemplo:

Entre mi primer y segundo año de seminario, pasé un verano viviendo y trabajando con personas adictas a las drogas en la Rescue Mission de la ciudad de Nueva York. Conocí a Víctor una cálida mañana de un martes. Cuando él entró en la misión, llevaba tres días sin usar heroína y estaba empezando un largo y doloroso proceso de desintoxicación. Su cuerpo temblaba. Sudaba profusamente. No podía parar de rascarse la cara. Sus ojos estaban enrojecidos como resultado de no dormir durante varios días. Sentía pavor de todas las personas y estallaba de enojo a la menor provocación. Aunque se avergonzaba de sí mismo, se defendía constantemente. Estaba enfermo por dentro y por fuera.

Cuando conocí a Víctor, el agua salada de su elección parecía evidente: heroína. La había bebido, o más exactamente la había engullido, durante años. Había desarrollado una tolerancia a la droga que era casi insalvable, y estaba sufriendo de síntomas de abstinencia casi letales. Era un adicto típico de heroína. Bastaban cinco segundos para determinarlo.

Sin embargo, la heroína no era la única forma de agua salada que Víctor tomaba. La mezclaba con una forma menos obvia, el agua salada de la *imagen*. A Víctor le obsesionaba su reputación. Ansiaba dar la apariencia de ser fuerte, pulcro y respetable a los ojos de los demás. ¿Cómo obtenía esta forma de agua salada? ¿Cómo se ganaba la aprobación de otros? Mentía. Víctor era un mentiroso *compulsivo*.

El problema de Víctor con la mentira quedó en completa evidencia apenas a cuatro días de su llegada cuando se le concedió un permiso de dos horas para visitar a un pariente. Cuando regresó a la misión, el hombre que estaba en ruina emocional, física y espiritual, de repente sonreía y estaba lleno de vitalidad. Estaba feliz descargando cajas de un camión, contando bromas y riendo involuntariamente.

Eso era una pésima noticia. Víctor ya no estaba en el proceso de desintoxicación.

Cuando le pregunté por qué se sentía mucho mejor, Víctor se quedó mirándome y mintió: "Dios me sanó". ¿Dios lo sanó? No. Dios no lo sanó. La heroína recién inyectada en su sistema lo "sanó". ¿Por qué mintió Víctor? Él no quería decepcionarme. Quería mi aprobación. Quería proteger su imagen.

Al final, el equipo de la misión se dio cuenta y confrontó a Víctor. Como era de esperarse, él tomó otro sorbo de agua salada, negó las acusaciones en un esfuerzo por quedar bien, empacó sus cosas y abandonó la misión.

De ahí pasó a una intoxicación con heroína que duró cuatro semanas.

Cuando Víctor volvió a tocar fondo, regresó a la misión, rogó que lo dejaran participar y se le dio una segunda oportunidad de recuperarse. En las seis semanas siguientes me volví más cercano a Víctor y aprendí más acerca de su adicción a la imagen y de sus hábitos de mentira compulsiva. En nuestras conversaciones diarias alardeaba de sus relaciones pasadas, su aventuras sexuales y su prosperidad financiera. Contaba listas de logros profesionales que impresionarían a Steve Jobs. ¿Qué asustaba de todo eso? Qué él creía sus mentiras. Había mentido tanto que estaba convencido de la veracidad de sus cuentos de hadas. Vivía en un mundo en el que él era el héroe de cada historia.

No tardé en darme cuenta de que la llegada de Víctor a la misión de rescate de la ciudad de Nueva York no era la consecuencia de tomar tragos de agua salada en forma de heroína. Estaba tomando una bebida mixta que contenía una parte de agua salada en forma de heroína y otra de imagen personal. Consumir *esta* mezcla dejó a Víctor en la mendicidad. Quemó los puentes que lo unían con su familia, amigos, colegas, jefes e incluso con otros adictos, cualquiera que estuviera dispuesto a recibirlo. Extinguió todo asomo de confianza en aquellos a quienes más quería impresionar. Su brebaje mitad heroína mitad imagen fue el veneno que puso a Víctor en las calles.

Al igual que Víctor, nuestras formas particulares de agua salada son a menudo difíciles de identificar al principio. Y por lo general se presentan como brebajes confusos.

Apreciar el agua salada

Es fácil leer estas historias y concluir que el agua salada es mala en sí misma. Pero ¿lo es?

No. Veamos primero el agua salada literal que rodeaba a Louie Zamperini. En muchos sentidos, el océano de 700 trillones de litros era su amigo. Amortiguó su aterrizaje. Desinfectó sus rasguños, llagas y ampollas. Redujo la inflamación en sus piernas gravemente magulladas, y refrescó su piel quemada por el sol. Incluso contenía los peces que pudo pescar y comer. Y para aquellos que no estamos perdidos en medio del océano, también puede ser benéfico. Usamos agua salada para suavizar nuestra piel, almacenar nuestras lentes de contacto y llenar nuestras piscinas. Puede ayudar a sanar el pie de atleta y la laringitis, aliviar la garganta irritada y el dolor de dientes. Por último, tiene un valor estético, como lo demuestran los precios exorbitantes de las propiedades que tienen vista al océano.

De igual manera, el agua salada metafórica a la que me refiero no es mala en sí misma. El dinero no es malo. El sexo no es malo. El control, la comodidad, la ocupación, la gente, la comida y las obras no son malos. Ni siquiera la heroína, que los médicos formulan en algunos casos para el manejo del dolor, es mala en esencia. Cuando se usa y se disfruta conforme a su propósito original, y se le aprecia conforme Dios lo designó, el agua salada es algo muy bueno.

Simplemente no fuimos diseñados para beberla.

La maravillosa alternativa de Dios

¿Qué deberíamos beber en lugar de agua salada? La respuesta está ahí mismo en el pasaje de Jeremías:

> Porque dos males ha hecho mi pueblo: me dejaron a mí, *fuente de agua viva*, y cavaron para sí cisternas, cisternas rotas que no retienen agua (Jeremías 2:13).

Dios nos indica la bebida que va a apagar nuestra sed. Se llama agua viva. Y está disponible para todos. Quédate sentado y explicaré esta misteriosa bebida en el capítulo 4.

Entre tanto, exploremos en mayor detalle lo que sucede cuando preferimos tomar agua salada...

3. EL CICLO DE AGUA SALADA

3,6 millones de dólares.

Esa fue la bonificación que recibió Sam Polk en 2010, su último año como agente de fondos de cobertura de alto riesgo en Wall Street.

Tan solo ocho años antes había sido un estudiante universitario en bancarrota, bebía diariamente y consumía con frecuencia cocaína, Ritalin y Éxtasis. Había sido arrestado en dos ocasiones. Había sido suspendido de la Universidad de Columbia por hurto. Había sido despedido de una compañía de Internet por riñas. Su futuro era desolador.

De alguna manera después de salir de la universidad, Polk logró con persuasión abrirse camino en un banco importante de Wall Street. Era el trabajo soñado para un joven con talento para las matemáticas y la convicción de que el dinero resolvería sus problemas. La bonificación de su primer año fue de 40.000 dólares. Estaba eufórico. Por primera vez podía sacar dinero de un cajero electrónico sin tener que verificar su saldo disponible.

Polk ascendió rápidamente en la escalera corporativa y sus bonificaciones pasaron de cinco a siete cifras. Al cabo de cuatro años, un banco de la competencia le ofreció un salario de 1,75 millones de dólares. Él lo rechazó. Sí, era más dinero de lo que su madre había ganado en toda su vida como enfermera. Pero no era suficiente para Polk. En lugar de eso, optó por un fondo de cobertura, donde creía que podía ganar más.

Tenía razón.

En 2010 recibió una bonificación de 3,6 millones de dólares. En un artículo del *New York Times* titulado "Por amor al dinero", él comentó cuál fue su respuesta a la bonificación:

> *Me enojé porque no era lo suficientemente grande. Tenía 30 años, no tenía hijos, ni deudas, ni una meta filantrópica en mente. Quería más dinero exactamente por la misma razón por la que un alcohólico necesita otra bebida: era adicto.*

¿Cómo llegó Polk a este punto? ¿Cómo pasó de ser un estudiante universitario pobre a un insaciable adicto al dinero en tan solo ocho años?

Estaba bebiendo agua salada. ¿En forma de qué? En forma de dinero. En 2002 tomó su primer sorbo. En los ocho años siguientes los sorbos se volvieron más frecuentes y más intensos. Para 2010 estaba engullendo y no podía detenerse. Era completamente adicto.

¿Cómo sucede esto? ¿Cómo nos volvemos adictos al agua salada?

Yo lo denomino **el ciclo de agua salada**. Se compone de tres pasos que se repiten sin cesar y que a la larga conducen al infierno tanto en esta vida como en la venidera.

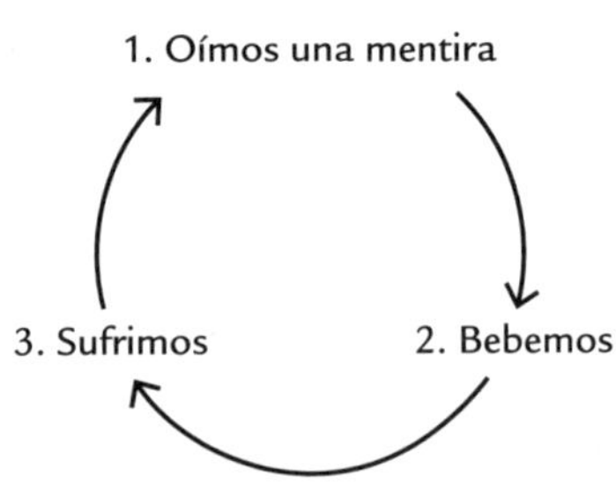

El ciclo de agua salada, paso 1: Oímos una mentira

El primer paso del ciclo de agua salada es en cierta manera pasivo. Oímos una mentira. La mentira es que esa agua salada puede calmar nuestra sed de un paraíso. ¿Quién es responsable de difundirla? Los mentirosos son tres: el mundo, la carne y el diablo.

Mentiroso # 1: El mundo

El mundo al que me refiero aquí son las personas y las instituciones culturales que nos enseñan cómo pensar y qué creer. Incluye políticos, profesores, artistas, deportistas, clientes, consejeros, modelos, músicos, productores, editores, escritores, actores, amigos, familiares y *cualquier persona* que influya en nuestros valores y oriente nuestras esperanzas. En términos sencillos, es la sociedad en que vivimos.

Tiene un método principal para transmitir la mentira de que el agua salada puede apagar nuestra sed de un paraíso: los medios de comunicación. Miente a través de los medios impresos en forma de libros, revistas, sitios web, diarios y blogs. Miente a través de la comunicación hablada en forma de programas radiales, podcasts, canciones y conversaciones cotidianas. Miente a través de las redes sociales en forma de mensajes, actualizaciones de estado y publicaciones en línea. Miente a través de la televisión en forma de programas que presentan una vida que rara vez existe. El mundo está completamente dedicado a propagar la mentira de que el agua salada puede darnos el paraíso, y lo hace a través de todos los medios de comunicación disponibles.

Mentiroso # 2: La carne

No solo el mundo nos miente, sino que también nos mentimos a nosotros mismos. Nos engañamos, nos confundimos a nosotros mismos para creer que hay un paraíso disponible en el agua salada. En términos más precisos, el mentiroso que habita en nosotros es lo que la Biblia denomina nuestra "carne" (Romanos 8:5-8). La carne es la parte de nuestro ser que no quiere nada que ver con Dios. Para muchos de nosotros, la carne es rey. Nos gobierna. Domina nuestros pensamientos, acciones, emociones y motivos. Y nos engaña. Nos dice que las cosas de este mundo pueden liberarnos de nuestros problemas, dificultades y luchas. Nos hace creer que personas, objetos y sentimientos pueden liberarnos de todo sufrimiento. Como una sirena que seduce a los marineros y los conduce a su muerte, nuestra carne entona una atractiva canción de un paraíso falso por medio de agua salada. Todos oímos la canción. Algunos la cantamos.

Mentiroso # 3: El diablo

En el capítulo uno mencioné al tercer mentiroso. Llámalo el diablo. Llámalo Satanás. Llámalo como prefieras. Sin importar cómo se le llame, es el enemigo de Dios. Si no crees que es real, entonces ya te tiene exactamente donde él quiere que estés. Según la Biblia, él anda como león rugiente buscando a quién devorar (1 Pedro 5:8). Cuenta con un equipo de fuerzas espirituales que trabajan juntamente con él, las cuales también te están mintiendo. Te toman del pelo, te seducen y te tientan, susurrándote al oído que puedes encontrar gozo verdadero en este mundo aparte de Dios. Te seducen con la mentirita de que el agua salada puede salvarte.

Ahí lo tienes. El monstruo de tres cabezas. La infame trinidad. El mundo, la carne y el diablo. Te están mintiendo. Te mienten para convencerte de que toda esa agua salada a tu alrededor es la bebida que necesitas. Te prometen apagar la sed insaciable que hay en tu alma. Te garantizan alivio del sufrimiento que te ha acosado desde que naciste. Prometen un paraíso provisto por agua salada.

El ciclo de agua salada, paso 2: Bebemos

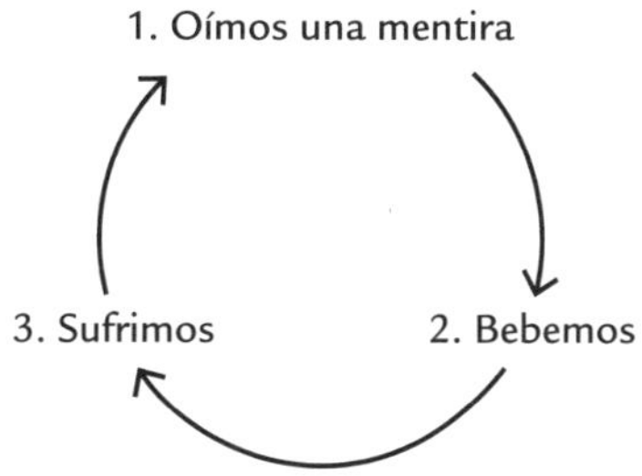

Después de oír la mentira de que el agua salada puede darnos un paraíso, tenemos dos opciones. La primera es rechazar la mentira y derramarla. Adán y Eva habrían podido dejar el fruto prohibido en el árbol. Mi padre habría podido tirar su cerveza. Víctor habría podido decir la verdad. Yo habría podido soltar mi lápiz. Polk habría podido entregar su dinero. *Todos* podemos rechazar la mentira de que el agua salada nos da un paraíso. Todos podemos derramarla.

La segunda opción es creer la mentira. Y beberla.

La mayoría elegimos la segunda opción.

No obstante, ¿qué significa esto? ¿Qué significa *beber* agua salada? Primero debemos definir dos términos: *regalo* y *dios.*

Regalo

Cuando piensas en un regalo, tal vez imaginas una caja con un lazo o un sobre con dinero en efectivo. Sin embargo, yo defino regalo como *todo bien que recibimos de Dios.* Los regalos incluyen dinero, películas, sexo, sueño, familia, amistades, computadoras, ropa, libros, barcos, emociones, entretenimiento, trabajos, bromas, zapatos, batidos, vacaciones, vocaciones... *cualquier* bien que recibimos de Dios. Fuimos creados para disfrutar regalos y para usarlos para el propósito para el cual existen. Nada más. Nada menos.

Igual que el agua salada.

Ahora definiremos el segundo término que es más complicado: *dios.*

dios

Observa que en este caso uso una d minúscula. No me refiero al Creador del universo a quien llamamos Dios. Me refiero a las cosas creadas en nosotros y a nuestro alrededor que usurpan el lugar que le corresponde a Dios. La Biblia los denomina ídolos.

Son personas, lugares y cosas que gobiernan nuestras vidas. Se adueñan de nuestro corazón. Roban nuestra alma. Nosotros ponemos en ellos nuestras esperanzas. Llenamos de ellos nuestras mentes. Les ofrecemos nuestro cuerpo. Terminamos adorándolos.

¿Cómo sabes si algo en tu vida es un dios? Examínate con una serie de preguntas. ¿A quién amas *demasiado*? ¿Qué te obsesiona? ¿Con qué fantaseas? ¿Qué te aterroriza perder? ¿Qué *necesitas* con N mayúscula? ¿A qué le dedicas demasiado tiempo? ¿Cuál es tu válvula de escape en medio del sufrimiento? En momentos de silencio, ¿hacia qué se dirigen naturalmente tus pensamientos? ¿Qué te da sentido y propósito a tu vida? ¿Qué te infunde seguridad? ¿En qué depositas tu confianza cuando la vida inspira miedo? ¿Qué te preocupa sobremanera? ¿Cómo encuentras paz interior? ¿En qué gastas dinero en exceso? ¿Qué te define?

¿Qué adoras? Ese es tu dios.

Irónicamente, tal vez el principal indicador de un dios en tu vida es el odio que albergas en tu corazón por otra cosa. En otras palabras, cuando demonizamos algo, por lo general es una señal de que idolatramos lo opuesto. Por ejemplo, una mujer que abriga juicio en su corazón contra las personas obesas probablemente adora los dioses del buen estado físico, la belleza, la disciplina y el autocontrol. Un hombre que menosprecia a los trabajadores que reciben la paga mínima probablemente adora los dioses del poder, el logro y el desarrollo profesional. Un niño que se molesta porque su amigo tiene un triciclo nuevo probablemente adora el dios de los bienes materiales (sí, esto empieza a una edad temprana).

Cuando demonizamos algo, usualmente idolatramos otra cosa.

Ahora que hemos definido estos dos términos, regalo y dios, puedo pasar a definir lo que significa beber agua salada.

Beber agua salada significa convertir un regalo de Dios en dios.

Significa buscar salvación en algo que nunca fue pensado para salvarnos. Significa deificar algo que se supone debíamos disfrutar y nada más. Significa convertir algo bueno en algo supremo. Significa adorar algo que nunca fue hecho para ser adorado.

Beber agua salada es lo que la Biblia llama *idolatría*.

Y todos somos culpables de ello. Todos somos idólatras. Todos bebemos agua salada.

¿Por qué a lo largo del libro me refiero a *sorbos* de agua? Porque, por lo general, nuestra idolatría es sutil. Por lo general, no estamos engullendo, tragando, inhalando o embriagándonos de agua salada como mi papá, Víctor, Polk o como yo. A menudo ni siquiera estamos bebiendo agua salada en el sentido general de la palabra "beber". Por lo general, tomamos sorbos. Tomamos pequeños tragos de manera lenta, sutil, silenciosa, discreta y medida. La acercamos a nuestros labios y permitimos que entren pequeñas cantidades por nuestra boca. La saboreamos y tragamos lentamente. A veces tomamos sorbos de manera inconsciente, sin siquiera darnos cuenta. Pero Dios ve nuestros sorbos. Nuestros pequeñísimos sorbos. Cada uno de ellos. Y para Él son un asunto muy serio.

El ciclo de agua salada, paso 3: Sufrimos

Volvamos a Louie. Si él hubiera tomado agua salada del Pacífico, habría quedado más sediento y habría sufrido una resaca brutal. Lo mismo sucede cuando bebemos agua salada, cuando volvemos dioses los regalos de Dios. No solo estos dioses incumplen sus promesas de hidratar nuestra alma, sino que nos dejan más sedientos que antes, y el resultado son intensas resacas. Sentimos culpa, vergüenza, enojo, temor, tristeza, pena, desesperanza, melancolía, angustia, desánimo y pesadumbre. El corazón nos duele. Nuestras emociones se derrumban. Nuestro interior duele. Nuestras relaciones sufren. Sufrimos dolor espiritual. Dolor del alma.

¿Cómo respondemos?

Como un alcohólico que experimenta una resaca debilitante, nos prometemos a nosotros mismos nunca volver a beber.

No obstante, así como las resacas por alcohol pasan con el tiempo, los efectos de nuestras resacas por agua salada desaparecen. El dolor del alma pierde intensidad con el tiempo. La culpa y la vergüenza disminuyen. El dolor interno mengua. La agonía se disipa y volvemos a sentir sed. *Más sed que antes.*

Y el ciclo se repite.

Oímos las mismas mentiras del mundo, de la carne y del diablo. Creemos otra vez las mentiras. Tomamos más sorbos de agua salada, generalmente en mayor cantidad para satisfacer nuestra sed que se ha vuelto más intensa. Espiritualmente nos deshidratamos más. Experimentamos un dolor más intenso en el alma. Luego desaparece. Estamos más sedientos que nunca. Y el ciclo de agua salada vuelve a repetirse.

En poco tiempo ya no estamos tomando sorbos. Estamos tragando. Y con cada ciclo de agua salada, nuestros tragos se hacen más intensos y más frecuentes. Nuestra tolerancia al agua salada aumenta. Nuestros síntomas de abstinencia empeoran. Después de cierta cantidad de ciclos de agua salada necesitamos agua salada solo para sentirnos normales.

Y somos oficialmente adictos.

Sin embargo, eso no es lo peor...

¿A qué conduce el ciclo de agua salada?

El resultado final del ciclo de agua salada no es solamente adicción. Si no estamos dispuestos a escupir nuestra agua salada y a salir del ciclo, el resultado final es el infierno.

Una parábola del Evangelio de Lucas (16:19-31) ilustra este final aterrador. Los dos protagonistas de la historia son el rico sin nombre, una versión bíblica de Sam Polk, y un hombre llamado Lázaro. El hombre rico está vestido de púrpura, lo cual evidencia su gran riqueza, y vive con grandes lujos. Lázaro, por su parte, mendiga junto a la puerta de la propiedad del hombre rico, mientras los perros le lamen las llagas. El hombre rico conoce a Lázaro por nombre, pero lo ignora. Podría darle comida, abrigo y cuidados médicos. Pero no hay evidencia alguna de que haga algo por él.

Cuando muere el hombre rico, recibe una sepultura digna. Lázaro no. Sin embargo, después que mueren, la suerte de los dos hombres se invierte. Lázaro va al cielo y el hombre rico va al infierno, donde pasará la eternidad atormentado. Cuando el hombre rico mira hacia arriba y ve a Abraham y a Lázaro sentados uno junto al otro, clama a Abraham:

> Padre Abraham, ten misericordia de mí, y envía a Lázaro para que moje la punta de su dedo en agua, y refresque mi lengua; porque estoy atormentado en esta llama (Lucas 16:24).

Abraham le dio malas noticias al hombre rico:

> Hijo, acuérdate que recibiste tus bienes en tu vida, y Lázaro también males; pero ahora este es consolado aquí, y tú atormentado. Además de todo esto, una gran sima está puesta entre nosotros y vosotros, de manera que los que quisieren pasar de aquí a vosotros, no pueden, ni de allá pasar acá (Lucas 16:25-26).

Entiendo que a nadie le guste hablar acerca del infierno. A mí definitivamente no me gusta. Sin embargo, esta historia tiene un mensaje claro. Primero, que el infierno es real. Segundo, que es el destino de todo aquel cuya vida está marcada por la adicción al agua salada, como el hombre rico (su agua salada era probablemente el dinero y las posesiones). Si no estamos dispuestos a salir del vertiginoso carrusel del ciclo de agua salada, terminaremos igual que este hombre rico en el lado equivocado del abismo infranqueable entre el cielo y el infierno. Para siempre.

Esperanza

Es fácil leer este capítulo y desanimarse, incluso aterrorizarse. Si al igual que yo estás luchando con la adicción al agua salada (y sí, probablemente así es), ¿estás condenado al infierno ahora y en la vida venidera?

No. Hay esperanza.

Sin embargo, la esperanza de libertad no se encuentra en una técnica psicológica, una píldora o una estrategia de autoayuda. No descansa en la fuerza de voluntad, la inteligencia o la habilidad. Definitivamente no consiste en beber más agua salada.

Consiste en una *persona.*

4. AGUA VIVA

En 2005, Brittni Ruiz se convirtió en una estrella porno.

Era hermosa e insegura, había sido maltratada y rechazada, las credenciales perfectas para una aspirante a actriz porno. Bajo el nombre profesional Jenna Presley, empezó a los 18 y arrancó a toda marcha en busca del amor que le había faltado toda su vida. Trabajaba 60 días consecutivos grabando hasta tres escenas de sexo al día. Fue protagonista en más de 275 películas en un lapso de siete años. En 2006 quedó segunda en el espectáculo televisivo *Jenna's American Sex Star*, un reality presentado por Jenna Jameson, una leyenda del porno. En 2010, la revista *Maxim* la nombró "una de las doce estrellas porno más sensuales del mundo". Era codiciada por los productores. Adorada por los hombres. No solo era amada, sino que tenía *seguidores.* La vida iba de maravilla, ¿no es así?

No.

Al igual que la mayoría de estrellas porno, Ruiz cayó en la depresión. En sus palabras, se convirtió en una "muñeca Barbie de goma sin emociones". Para sobrellevar esta situación, decidió automedicarse con alcohol, cocaína y heroína. Se cortó las venas. Trató de suicidarse varias veces. Quería salir del mundo del porno, pero como la mayoría de personas en ese negocio, no tenía ni idea de cómo abandonarlo.

Hasta noviembre de 2012.

¿Qué sucedió? ¿De dónde sacó el valor para abandonar la televisión y su exitosa pero tóxica carrera porno? ¿Qué pudo liberar a Ruiz del poder esclavizante de esa industria? ¿Dónde encontró libertad?

La encontró en Jesucristo.

Veamos quién es.

La historia de Insacia

En el cuarto capítulo del Evangelio de Juan leemos la historia de la famosa mujer sin nombre, "la mujer del pozo". La llamaré Insacia. Vivió hace más de 2.000 años en Samaria, cuya ubicación actual es Jordania. Junto a un pozo, ella tiene un encuentro con Jesús. He aquí un fragmento de la historia:

> Y le era necesario [a Jesús] pasar por Samaria. Vino, pues, a una ciudad de Samaria llamada Sicar, junto a la heredad que Jacob dio a su hijo José. Y estaba allí el pozo de Jacob. Entonces Jesús, cansado del camino, se sentó así junto al pozo. Era como la hora sexta.
>
> Vino una mujer de Samaria a sacar agua; y Jesús le dijo: Dame de beber. Pues sus discípulos habían ido a la ciudad a comprar de comer.
>
> La mujer samaritana le dijo: ¿Cómo tú, siendo judío, me pides a mí de beber, que soy mujer samaritana? Porque judíos y samaritanos no se tratan entre sí.
>
> Respondió Jesús y le dijo: Si conocieras el don de Dios, y quién es el que te dice: Dame de beber; tú le pedirías, y él te daría agua viva.

> La mujer le dijo: Señor, no tienes con qué sacarla, y el pozo es hondo. ¿De dónde, pues, tienes el agua viva? ¿Acaso eres tú mayor que nuestro padre Jacob, que nos dio este pozo, del cual bebieron él, sus hijos y sus ganados?
>
> Respondió Jesús y le dijo: Cualquiera que bebiere de esta agua, volverá a tener sed; mas el que bebiere del agua que yo le daré, no tendrá sed jamás; sino que el agua que yo le daré será en él una fuente de agua que salte para vida eterna.
>
> La mujer le dijo: Señor, dame esa agua, para que no tenga yo sed, ni venga aquí a sacarla.
>
> Jesús le dijo: Ve, llama a tu marido, y ven acá.
>
> Respondió la mujer y dijo: No tengo marido.
>
> Jesús le dijo: Bien has dicho: No tengo marido; porque cinco maridos has tenido, y el que ahora tienes no es tu marido; esto has dicho con verdad (Juan 4:4-18).

¿Qué hace Jesús en esta pequeña escena? Tres cosas. Primero, aparta la atención de Insacia de su problema superficial para dirigirla a su problema profundo. Ella cree que su problema es físico. Él dice que es espiritual. Ella cree que es un cubo vacío. Él dice que es un corazón seco. En otras palabras, aunque ella nunca lo pidió, Jesús abre sus ojos a su principal afección: su sed espiritual insatisfecha.

Segundo, como si hubiera estado siguiendo a Insacia toda su vida, Jesús saca a la luz sus intentos vanos por apagar esa sed con agua salada. ¿Cuál es la forma de agua salada de su elección? Sus cinco maridos anteriores y sus actuales aventuras sexuales revelan que ella está tomando sorbos de agua salada de amor humano. Lo mismo que Brittni Ruiz.

Por último, le ofrece una bebida mejor. Le ofrece *agua viva.*

El don del Espíritu

Insacia quedó confundida con el ofrecimiento que le hizo Jesús de agua viva. Ella no comprende la metáfora. ¿Cuál es esta curiosa bebida? Tenemos que ver más adelante en el Evangelio de Juan para descubrirlo. En Juan 7, Jesús se para en medio de una fiesta judía y extiende a sus oyentes una osada invitación:

> Si alguno tiene sed, venga a mí y beba. El que cree en mí, como dice la Escritura, de su interior correrán ríos de agua viva (Juan 7:37-38).

En el versículo siguiente, Juan aclara lo que Jesús quiso decir:

> Esto dijo del Espíritu que habían de recibir los que creyesen en él (Juan 7:39).

Juan nos dice que esa agua viva es el Espíritu de Dios. Es este Espíritu, el Espíritu Santo, el que nos libera de nuestras adicciones al agua salada. ¿Cómo? Primero, Él abre nuestros ojos y nos convence de nuestra esclavitud a la bebida (Juan 16:8). Luego nos da la fuerza para que la escupamos, es decir, para que nos arrepintamos de nuestros intentos vanos por encontrar un paraíso aparte de Dios (Efesios 3:16). Por último, purifica nuestros corazones para que nunca más volvamos a desear beber agua salada (2 Tesalonicenses 2:13). El Espíritu reemplaza nuestros afectos por el agua salada con afectos por Cristo.

¿Qué otras lecciones nos enseña esta historia acerca del agua viva? Al menos cinco.

La única fuente

En primer lugar, el agua viva proviene de Jesús. Él es la fuente. No es Alá, Buda, Mahoma, José Smith ni ningún otro dios o profeta. No la encontrarás en el hinduismo, judaísmo, budismo, mormonismo ni en otra religión del mundo, sino en el cristianismo. No puedes obtenerla en el yoga. Tampoco en el pensamiento positivo. Ni en la "espiritualidad". No puede hallarse en carreras de larga distancia, comida orgánica, Pilates, mascotas, aparatos, sexo, matrimonio, hijos o trabajo. El agua viva viene de Jesús. *Él* es la fuente.

Disponible para todos

En segundo lugar, está disponible para *todos.* Si analizamos las credenciales de Insacia, ella es la candidata menos apta. Es samaritana, que los judíos consideran una proscrita religiosa en los tiempos de Jesús. Además es mujer, una marca de inferioridad para muchos en aquel siglo primero dominado por los hombres. Por último, está sola, posiblemente una señal de que había sido rechazada por las otras mujeres que recogían agua durante las horas más frescas de la mañana. Según las normas religiosas, de género, morales y sociales, Insacia es una ciudadana de segunda clase. Si el agua viva fue puesta a disposición de *ella*, está disponible para cualquier persona. Eso me incluye a mí. Y a ti.

Se recibe por la fe

En tercer lugar, recibimos el agua viva por creer en Jesús. No por seguir reglas. Tampoco por asistir a reuniones de iglesia. Ni por servir en refugios para personas sin hogar. Ni por ser educados en hogares religiosos. Solo podemos recibir agua viva si creemos en Jesús. ¿Qué debemos creer acerca de Él?

- Que Él es Dios, completamente Dios.
- Que Él se hizo hombre como tú y como yo, completamente humano.
- Que Él fue tentado como nosotros a tomar sorbos de agua salada cada día, y aún así nunca bebió una sola gota. *Ni una gota.*
- Que su recompensa por esa clase de vida sin pecado fue la muerte en una cruz.

- Que su muerte pagó el precio por nuestros repetidos viajes a nuestras fuentes de agua salada.
- Que Él resucitó de los muertos, está sentado a la diestra del Padre, y un día regresará para restaurar el paraíso que se perdió en el huerto de Edén.

Debemos creer que Jesús es el Salvador del mundo. No solo un buen hombre. No solo un buen maestro. No solo un profeta. No uno entre muchos caminos a Dios. Si queremos recibir agua viva debemos creer que Jesús es el único Dios verdadero, y rendir nuestra vida a Él.

Satisfacción verdadera

En cuarto lugar, el agua viva *sí* va a satisfacerte. Jesús le dice a Insacia que quienes la beben *no tendrán sed jamás* (Juan 4:14). Nunca. El apóstol Pablo describe lo que sucede cuando se calma la sed, lo que experimentamos cuando estamos llenos del Espíritu de Dios. Él dice que gozaremos del "fruto del Espíritu".

> Mas el fruto del Espíritu es amor, gozo, paz, paciencia, benignidad, bondad, fe, mansedumbre, templanza; contra tales cosas no hay ley (Gálatas 5:22-23).

Dedica un momento a pensar en esta lista. ¿Puedes imaginar tener estas virtudes? ¿Todo el tiempo? ¿Puedes imaginar disfrutar de un amor eterno? ¿Deleitarte en un gozo incondicional y una paz imperturbable? ¿Tener paciencia ilimitada, lo que Pablo llama benignidad? ¿Experimentar el deseo natural de ser bondadoso y del altruismo puro, lo que Pablo denomina bondad? ¿Tener una fe inquebrantable en Dios? ¿Ser manso y tener autocontrol sin importar cuáles sean las circunstancias?

Imagina, por un segundo nada más, una vida semejante. Amor, gozo, paz, paciencia, benignidad, bondad, fe, mansedumbre y templanza *perfectos. Siempre.* ¿No te parece que suena a verdadera satisfacción? ¿No te parece que suena a paraíso? Sí. Y si bebes agua viva, el paraíso puede ser tuyo. Tu sed de un paraíso *puede* ser saciada.

La promesa de vida eterna

En quinto lugar, beber agua viva conduce a vida eterna. Cuando morimos, el paraíso perdido será el paraíso hallado. No sufriremos el destino infernal del hombre rico del capítulo anterior. En lugar de eso, estaremos con Lázaro y con Dios en el cielo. Para siempre. No más sufrimiento. No más dolor. Será mejor de lo que puedas imaginar jamás. Mejor que el mejor día de tu vida. Mejor que el sexo. Mejor que el chocolate. Mejor que las mejores vacaciones que hayas tenido. Mejor que cualquier cosa que este mundo pueda ofrecer. Estarás con Dios en el paraíso. Para siempre.

Quiero resumir estos cinco puntos concernientes al agua viva (que es el Espíritu de Dios): su fuente es Jesús, está disponible para todos, la recibimos por medio de la fe en Cristo, sacia nuestra sed de un paraíso perdido, y conduce a la vida eterna.

Es el regalo más grande que Jesús pudo haberle ofrecido a Insacia. Es el regalo más grande que te ofrece a ti.

Permíteme contarte acerca de dos personas que eligieron recibir este regalo. Ya te las he presentado antes. Empezaremos con Louie Zamperini.

Louie

Durante los 47 días que Louie flotó en el Pacífico, su única opción de obtener agua potable fue gracias a la lluvia. Durante tres semanas recolectó lo suficiente para sobrevivir. Después de eso, dejó de llover. Al cabo de seis días sin lluvia, Louie reconoció que no sobreviviría mucho más sin agua. Así que oró. Oró a Dios diciendo que si saciaba su sed, él dedicaría su vida a Él.

Al día siguiente llovió. Louie permaneció vivo y siguió flotando.

Al final encontró tierra, una isla ocupada por los japoneses. Se convirtió en prisionero de guerra y fue torturado durante los dos años siguientes. Vivió en una diminuta celda infestada de moscas, zancudos y excremento. Se alimentó únicamente de algas, y llegó a pesar 30 kilogramos. Sus guardias lo escupían, lo golpeaban y le inyectaban medicinas experimentales. Un oficial conocido como "el Pájaro" se obsesionó con destruirlo. Lo golpeaba en la cara diariamente con un cinturón de cuero, con la hebilla metálica y todo. Al cabo de dos años, Louie estaba casi muerto.

Sin embargo, llegaron buenas noticias.

En agosto de 1945, Japón se rindió. La guerra terminó. Louie regresó a casa. Todos festejaban y le rendían homenaje no solo como un antiguo deportista olímpico, sino ahora como héroe de guerra. Su estatus de celebridad creció. Al igual que su ego. Estaba en la cima del mundo.

No obstante, apareció el trastorno de estrés postraumático. Louie empezó a tener pesadillas. Cada noche soñaba con el Pájaro golpeándolo. Una noche se despertó estrangulando a su esposa Cynthia, pensando que era el Pájaro. Los sueños no desaparecieron, sino que empeoraron. Louie enfrentaba la peor lucha de su vida. Su respuesta fue tomar sorbos de agua salada en forma de alcohol. Esto le proveía un alivio pasajero, pero como era de esperarse lo llevó a la adicción. El alcohol reemplazó a los japoneses como enemigo. Su matrimonio se desintegró. Cynthia amenazó con divorciarse de él.

Entonces todo cambió. Cynthia lo invitó a una campaña de avivamiento. La primera noche, se burló del mensaje del evangelista y abandonó la reunión. Sin embargo, la segunda noche fue diferente. Durante el mensaje algo pasó en Louie.

Él recordó la promesa que le había hecho a Dios.

Dos años antes, Louie había prometido que si Dios saciaba su sed con lluvia, él dedicaría su vida a Él. Eso hizo aquella noche. Bebió el agua viva de Jesús y se convirtió en cristiano. Su vida cambió para siempre. Lo digo en serio, cambió *para siempre*.

Milagrosamente, Louie quedó libre de su esclavitud al alcohol. Las pesadillas desaparecieron. También su enojo contra los japoneses que lo habían capturado. El Espíritu de Dios entró en su corazón y halló paz. Esta paz lo llevó a hacer algo absurdo. Poco después de haber empezado a beber agua viva como cristiano, Louie regresó a la tierra donde empezaron sus pesadillas. Esta vez fue a una prisión completamente distinta, una donde se encontraban internados más de 850 criminales de guerra japoneses. Allí encontró a sus antiguos guardias. Y los perdonó. A todos.

Incluso al Pájaro.

Louie murió en 2014 a los 97 años. Su agua viva ha saltado para vida eterna.

Brittni

¿Qué pasó con Brittni Ruiz, la antigua estrella porno? ¿Cómo halló la fuerza para abandonar esa industria?

Ella también bebió agua viva.

En medio de su colapso emocional, Ruiz conoció miembros de la iglesia Triple-X en la Exxxotica Expo, una convención de porno en Nueva Jersey. La iglesia le rogó elegir a Jesús y abandonar su carrera porno. Ella comprendió. Su corazón se derritió. Escupió el agua salada del amor de los hombres y encontró el amor divino en Jesús. Por primera vez en su vida era libre.

En una entrevista con un diario británico, ella declaró: "Nunca encontré amor en mi vida y lo estaba buscando en los lugares equivocados. Por fin encontré el amor incondicional de Dios. Y nunca volveré atrás".

El agua viva era la única esperanza para que Ruiz quedara libre de la industria del porno. En el agua viva encontró sanidad. Encontró amor. Encontró un hogar.

Tú puedes experimentar lo mismo.

De ti comemos, Pan de vida,
de ti anhelamos sin fin deleitarnos;
de ti bebemos, Fuente suprema,
de ti nuestras almas sedientas saciar.

—Bernardo de Claraval: "Jesús, gozo de los corazones que te aman"

5. FUENTES DE AGUA

"Si me dieras varios millones de años, no habría nada que no creciera en belleza si estuviera rodeado de agua".

Jan Erik Vold, *What All the World Knows*
[Lo que sabe todo el mundo]

"Estamos al borde del divorcio y usted es nuestra última esperanza".

Como consejero matrimonial, esto es algo que oigo con frecuencia. Cuando Ben lo dijo no estaba exagerando. Había estado engañando a su esposa, Clara, por más de una década, y ella al fin lo había descubierto. ¿Qué era diferente? Sus aventuras eran con hombres. *Decenas* de hombres. Clara lo descubrió mientras revisaba ingenuamente los correos electrónicos de él buscando un recibo. Después que todo salió a la luz, Ben confesó que había sido adicto a encuentros homosexuales desde la luna de miel de su boda. Después de cada encuentro sexual, él lo justificaba como si no fuera "infidelidad real" puesto que era con un hombre. Usaba una lógica mental similar para justificar su adicción a la pornografía homosexual.

Aparte de la infidelidad, Ben fracasaba como esposo en otras áreas. Rara vez hablaba con Clara, y cuando lo hacía era breve y conflictivo. Cada tres meses, cuando salían juntos en la noche para cenar, él prestaba mucha más atención a su teléfono que a su esposa. En la casa llevaba una vida independiente trabajando, durmiendo y entreteniéndose solo en el sótano, mientras Clara se ocupaba de sus tres hijos en el resto de la casa. Él no le daba regalos de cumpleaños. No tenía sexo con ella. No comía con ella. No compartía ninguna actividad con ella. A lo sumo eran distantes compañeros de cuarto.

¿Por qué cuento esta historia?

El matrimonio de Ben estaba desintegrándose por dos razones. Primero, porque él estaba dedicado a otros amantes, hombres homosexuales. Segundo, porque no *estaba dedicado a Clara.* No estaba cultivando su relación sagrada con ella.

Lo mismo sucede entre nosotros y Dios. Por un lado, vamos en pos de otros amantes en forma de ídolos. Convertimos en dioses los regalos de Dios. Tomamos sorbos de agua salada. Por otro lado, *no buscamos a Dios.* No bebemos agua viva. No cultivamos nuestra relación sagrada con Jesús. De eso se trata este capítulo, de fortalecer nuestra relación con Cristo. ¿Cómo lo hacemos? ¿Cuáles son los pasos prácticos que debemos seguir para beber su agua viva? ¿Qué debemos hacer para experimentar en nuestra vida su presencia que satisface? ¿Cómo gozamos de una vida llena del Espíritu que rebosa de agua viva?

Veamos cómo lo hicieron los primeros cristianos.

La primera iglesia

En el segundo capítulo del libro de Hechos, el autor Lucas describe la primera comunidad cristiana en la que juntos bebían agua viva a borbotones:

> Y perseveraban en la doctrina de los apóstoles, en la comunión unos con otros, en el partimiento del pan y en las oraciones. Y sobrevino temor a toda persona; y muchas maravillas y señales eran hechas por los apóstoles. Todos

> los que habían creído estaban juntos, y tenían en común todas las cosas; y vendían sus propiedades y sus bienes, y lo repartían a todos según la necesidad de cada uno. Y perseverando unánimes cada día en el templo, y partiendo el pan en las casas, comían juntos con alegría y sencillez de corazón, alabando a Dios, y teniendo favor con todo el pueblo. Y el Señor añadía cada día a la iglesia los que habían de ser salvos (Hechos 2:42-47).

Veamos un poco de trasfondo del pasaje. Para entonces, Jesús ya había vivido, muerto y resucitado de los muertos. Después de resucitar había aparecido públicamente en varias ocasiones a lo largo de un período de 40 días antes de ascender al cielo para estar con el Padre. Poco después los apóstoles fueron llenos del Espíritu Santo por primera vez, Pedro pronunció su primer sermón cristiano y 3.000 personas se convirtieron. Esa fue la primera iglesia *de toda la historia.* Y esto es lo que hicieron.

Si examinamos detalladamente el pasaje, vemos al menos seis maneras en las que los primeros creyentes bebieron agua viva. Las llamaré "fuentes de agua", formas mediante las cuales se reparte el agua viva. Es importante no confundir estas fuentes de agua con la Fuente de agua viva, que es Jesús mismo. Él es la fuente, el dador y el manantial del que fluye toda agua viva. Estas fuentes son simplemente medios a través de los cuales Jesús nos reparte agua viva. Son formas de experimentar el Espíritu de Dios.

Perseverar en la Biblia

La primera fuente de agua es la Biblia. El pasaje dice que los creyentes de la iglesia primitiva "perseveraban en la doctrina de los apóstoles". ¿Dónde podemos encontrar esta doctrina ahora que los apóstoles han fallecido? En las Escrituras. Todo lo que necesitamos saber acerca de Jesús está en la Palabra de Dios. Cuando la leemos, aprendemos acerca del amor, la gracia, la sabiduría, la paciencia, la justicia, la fidelidad, la santidad y el conocimiento infinitos de Jesús. Encontramos la pasión, el poder y la pureza que lo caracterizan. Nuestro corazón, nuestra mente y nuestra alma son iluminados por su presencia. Somos transformados.

Cuando me encuentro con alguien que se siente lejos de Jesús, yo le pregunto: "¿Qué has aprendido sobre Él últimamente en la Biblia?". Por lo general me responden con una mirada perdida. En otras palabras, no están leyendo la Biblia. Tiene sentido, por ende, que estén alejados de Cristo. ¿Cómo pueden sentirse cercanos de alguien a quien no conocen? Si no dedicamos tiempo diariamente a la Biblia, Jesús se convierte en un concepto espiritual, no en el Dios personal que interactúa con nosotros de manera personal. No será para nosotros el Dios que sana, consuela y nos da paz. No será el Dios que borra nuestra culpa, vergüenza, enojo y ansiedad. Ni el Dios que vivió una vida santa, murió una muerte horrenda, resucitó de los muertos y un día regresará para abrir las puertas del cielo por la eternidad. Ni la fuente de agua viva.

Abre la Biblia. Cada día. Hablo en serio. Cada día. Sin faltar uno solo. Aprende acerca de Jesús. Comprobarás lo que Él hace conforme aprendes acerca de Él. Verás cómo tu corazón cambia a medida que Él te habla. Verás cómo tu pecado se vuelve menos frecuente y tu amor por Él crece. Verás cómo eres transformado. Verás cómo se apaga tu sed.

Tiempo de calidad con otros cristianos

La segunda fuente de agua es la comunión, pasar tiempo de calidad con otros cristianos. Hechos 2 dice que la iglesia primitiva se reunía *cada día*, que comían juntos y se reunían en los patios del templo. ¿Por qué lo hacían? ¿Por qué rechazaban el individualismo y buscaban un estilo de vida comunitario?

Porque lo necesitaban para sobrevivir y crecer.

Supongamos que te cortas un dedo. ¿Qué le sucedería al dedo? Moriría. ¿Por qué? Por qué quedaría separado del resto de tu cuerpo sin poder recibir el sustento necesario para vivir. Los cristianos, a quienes Pablo llama miembros del "cuerpo de Cristo" (Efesios 5:30), experimentan la misma realidad. Si somos separados del cuerpo de Cristo morimos espiritualmente. Necesitamos el sustento espiritual que otros proveen. Nos necesitamos mutuamente para recibir apoyo, aliento, discernimiento, sabiduría, consuelo, compañerismo, ayuda y esperanza. Necesitamos modelos de referencia, personas a quienes podemos imitar y de quienes podemos aprender. Necesitamos hombres y mujeres que nos observen. Necesitamos personas que nos entrenen, nos desafíen y nos permitan perfeccionarnos. Necesitamos rendir cuentas de nuestros actos. Necesitamos a las personas. Ellas son fuentes *vivas* de agua.

Hablar con Jesús

La tercera fuente de agua es la oración. Si las Escrituras son el medio en que Dios nos habla, la oración es el medio en que hablamos con Dios. Es nuestra oportunidad para abrir nuestro corazón delante de Él, para hacerle preguntas y hablar abiertamente acerca de lo bueno, lo malo y lo feo de nuestra vida. Puede ser formal o informal, preparada de antemano o improvisada, pública o privada, expresada de manera audible, en pensamiento, en canción, escrita, en forma de un rap, dicha en voz alta, en susurro, cantada... como sea. Todos somos diferentes y oramos de manera diferente.

Me gustaría compartir un formato de oración que combina bellamente estructura y espontaneidad. La uso con frecuencia. Se compone de cinco elementos.

- **Adoración.** Primero me enfoco en las cualidades y características que hacen a Dios *Dios*. Lo admiro por quien dice la Biblia que Él es. Me esfuerzo en gran manera por no convertir este momento en acción de gracias, que viene más adelante.

- **Confesión.** A la luz de lo que Dios es, ¿quién soy yo? Soy un pecador. Dedico tiempo a reconocer que soy un bebedor de agua salada e identifico las formas como la bebo. Me duelo por mis adicciones de agua salada, no para ganar la aprobación de Dios, sino para sentir debidamente su peso y su fealdad.
- **Acción de gracias.** En seguida expreso mi gratitud por lo que Dios ha hecho por mí. Él envió a Jesús para que viviera, muriera y pagara el precio por mis adicciones al agua salada. Él me ha dado agua viva para sustentarme, satisfacerme y salvarme. Él ha hecho todo lo que está revelado en la Biblia y mucho más. Él suple cada una de mis necesidades. Él me permite sufrir y usa mi sufrimiento para moldearme. No siempre me da lo que pido, pero Él me da lo que yo *pediría* si yo supiera lo que Él sabe.
- **Otros.** Después paso a enfocarme en otros, en quienes son cercanos a mí y en quienes nunca he conocido personalmente. ¿Qué necesitan? ¿Cuáles son sus sufrimientos? ¿Cuáles son sus luchas? ¿Están alejados de Dios? ¿Están alejados de amigos, familiares y de la comunión con otros creyentes? Mi meta es orar por ellos con el mismo fervor con el cual oraría por mí mismo.
- **Peticiones.** Por último, le pido a Dios que me bendiga. Le pido confiadamente y no me contengo. Sin embargo, me gusta terminar con la misma expresión de renuncia que usó Jesús cuando antes de la crucifixión pidió al Padre que lo librara de su sufrimiento: "*pero no se haga mi voluntad, sino la tuya*" (Lucas 22:42).

Cuando oras, bebes agua viva. Hazlo a menudo. Hazlo con fervor. Hazlo sabiendo que Dios escucha. Y que responde. Y que en el proceso apaga tu sed.

Generosidad que trae vida

La cuarta fuente de agua es la generosidad. El pasaje dice que los creyentes de la iglesia primitiva "tenían en común todas las cosas" y que "vendían sus propiedades y sus bienes, y lo repartían a todos según la necesidad de cada uno". ¿De qué manera la generosidad es una fuente de agua? ¿Cómo nos permite el altruismo enamorarnos más de Jesús? Una ilustración y algunas palabras de Jesús nos dan la respuesta.

Sharon nunca quiso tener hijos. No se oponía al matrimonio, pero la idea de cuidar un bebé, que luego se convierte en niño y más adelante (¡ay!) un adolescente, no le resultaba en absoluto interesante. Se casó en la veintena y su esposo estaba igualmente comprometido con el prospecto de por vida de un matrimonio sin hijos.

Claro, ella quedó embarazada a los dos meses después de su boda.

Después de dar a luz, la vida de Sharon nunca más fue suya, le pertenecía a Nolan, su hijo. Sus días consistían en alimentarlo, bañarlo, cambiarlo, consolarlo, entretenerlo, hacer compras para él, lavar su ropa, cocinarle, leerle, mostrarle el mundo a su alrededor. Sus noches consistían en breves siestas interrumpidas por sesiones de alimentación, cambio de pañales y protocolos de cuidado de cada emergencia. Toda su vida giraba en torno a Nolan.

Se esperaría que ella lo detestara.

No. Ella se enamoró de él.

A medida que Sharon consagraba su tiempo, su energía, sus recursos, su dinero, su trabajo y su conocimiento a Nolan, algo en su corazón cambió. Desarrolló apego hacia su hijo. Su amor por él creció. En el Evangelio de Mateo, Jesús nos dice por qué. Allí dice: "Porque donde esté vuestro tesoro, allí estará tu corazón" (Mateo 6:21). En otras palabras, nuestros corazones siguen nuestros recursos. La generosidad hacia las personas se traduce en amor por esas personas. Los afectos de Sharon hacia Nolan aumentaban cada vez que ella entregaba su vida por él.

Sin embargo, espera. ¿Acaso no dije que la generosidad hacia otros nos permite amar más a *Jesús*? Sí. Más adelante, en el Evangelio de Mateo, Jesús explica por qué. Él dice: "*Todo lo que hicieron por uno de mis hermanos, aun por el más pequeño, lo hicieron por mí*" (Mateo 25:40, NVI). Él declara que los sacrificios horizontales de los cristianos son también sacrificios *verticales*. Cuando somos generosos con otras personas, estamos siendo generosos con *Él*. Y según enseña Mateo 6:21, cuando somos generosos con Él, cuando le entregamos nuestro tesoro, también nuestro corazón se acercará a Él.

Para resumir, nos enamoramos más de Jesús conforme nos entregamos a otros. Es una bella forma indirecta de beber agua viva.

Alabanza diaria

La quinta fuente de agua es la alabanza. El pasaje dice que los cristianos de la iglesia primitiva vivían "alabando a Dios, y teniendo favor con todo el pueblo" (Hechos 2:47). Por supuesto, podemos alabar a Dios en la iglesia cada domingo. No obstante, quisiera enfocarme en la "alabanza diaria". ¿Cómo alabas a Dios un martes por la mañana mientras te cepillas los dientes? ¿Cómo lo alabas a las tres de la tarde mientras trabajas un miércoles? ¿Cómo funciona la alabanza durante las 166 horas de la semana cuando la iglesia no está funcionando?

Yo soy atleta. Lo he sido desde la veintena. He corrido un par de maratones y algunas carreras. Pero mi carrera favorita no es una competencia, sino cuando corro solo mis 12 kilómetros de cada sábado en la tarde. Es mi tiempo de conectar con Dios. Es mi tiempo de oír música acerca de Dios, pensar acerca de Dios, orar a Dios y alabar a Dios. Yo entiendo que un trote de 12 millas sea para muchas personas el *peor* momento para conectar con Dios. Para mí no lo es. Tan pronto toco el pavimento, la alabanza fluye naturalmente.

¿Cuál es para ti el equivalente de mi trote de los sábados? Tal vez sea escribir. O dibujar. O cocinar. O cantar, leer, pintar, escalar, levantar pesas, oír sermones o pasar tiempo en la naturaleza. ¿Cómo te ha diseñado Dios para alabarle fuera de los muros de la iglesia? ¿Qué actividades horizontales puedes convertir en verticales? No esperes hasta el domingo por la mañana para beber de la fuente de agua de la alabanza. Si lo haces, llegarás a la iglesia tan seco como un hueso.

Amar más a Jesús hablando a otros de Él

La sexta y última fuente de agua es el evangelismo, compartir tu fe con otros. El pasaje dice que Dios "añadía cada día a la iglesia los que habían de ser salvos" (Hechos 2:47). Doy por hecho que los cristianos de la iglesia primitiva hablaban a otros acerca del Señor.

El evangelismo es responsabilidad de todo creyente. Se nos exige compartir nuestra fe, ya sea que nos resulte cómodo o no. ¿Por qué? Porque es la forma en la que las personas en todos los lugares del mundo conocerán a Cristo. Sin embargo, el evangelismo no es solo para los demás. Es algo que nos cambia *a nosotros*. Nos enamoramos más de Jesús en la medida en que contamos a otros acerca de Él.

¿Cómo funciona esto? Cuando comunicamos a otros nuestra fe, vemos al Espíritu en acción. Lo vemos hacer milagros. Vemos que resucitan los muertos espirituales. Vemos que las adicciones pierden su poder, la tristeza se vuelve gozo, la ansiedad se disipa, las relaciones rotas se reconcilian y los miedos desaparecen. Vemos el fin de la culpa y la vergüenza, y la muerte del pecado. Vemos que las personas prueban el paraíso por primera vez. Vemos que otros se enamoran de Jesús, y en esa medida nosotros nos enamoramos más de Él.

Ve y cuéntale a otros acerca de Jesús. Comparte tu fe. Te desafío a hacerlo. Háblales de lo que Cristo ha hecho en tu vida. No seas tímido. Sé osado. Pero también prepárate. Puede que Dios empiece a hacer milagros. Es algo que acostumbra hacer.

Ben y Clara

¿Qué pasó con Ben y Clara? ¿Lograron restaurar su matrimonio?

No solamente lo lograron, sino que están mejor que nunca.

Por fin Ben escupió el agua salada del sexo y empezó a beber agua viva. Empezó a leer la Biblia, a pasar tiempo con otros creyentes, a orar, a dar su tiempo y su dinero a la iglesia, a alabar a Dios y a contar a otros acerca del milagro que Dios había hecho resucitando su vida. Conforme lo hacía, fue liberado del ciclo de agua salada que marcó la primera década de su matrimonio... libre de las cadenas tóxicas de la adicción sexual... libre para amar a Dios, amar a su esposa y para cultivar su relación con ella y con Dios con un corazón entregado. Clara lo perdonó. Empezaron a beber juntos agua viva. Cuanto más bebían, más se enamoraban el uno del otro. Su experiencia de amor vertical por Dios rebosó en el amor horizontal por el otro.

Y nunca antes habían estado mejor.

"Estamos al borde del divorcio y usted es nuestra última esperanza".

Para nada. Yo no era su última esperanza. Su última esperanza era Jesús. Su última esperanza era agua viva. Y funcionó.

¿Beberás juntamente con ellos?

6. SACIADO

"Todavía no somos lo que deberíamos ser, pero avanzamos hacia ello. El proceso aún no ha terminado, pero sigue. Este no es el fin, pero sí el camino. No todo brilla todavía en gloria, pero todo va siendo purificado".

Martín Lutero, *Argumento en defensa de todos los artículos*

La historia de mi conversión no es glamorosa. No hay en ella sueños, visiones, sanidades, experiencias cercanas a la muerte, exorcismos, prodigios ni escalofríos. No lloré. No temblé. No hablé en lenguas. Nada extraño sucedió. Pero eso no la hace menos hermosa. Ni menos milagrosa.

Un nuevo comienzo

Después de mi desdichado año en Michigan quise tener un nuevo comienzo. Así que pedí un traslado a la Universidad de Illinois, donde era estudiante mi hermano gemelo, Bryan. Además de seguir tomando los sorbos de agua salada del estudio, añadí un toque de otra forma, la aprobación social. Ingresé a la fraternidad de Bryan en busca de la afirmación social que me había faltado en Michigan. La fraternidad estaba llena de niños ricos con ínfulas de realeza, deportistas y futuros inversores de banca. Todos eran exitosos. Todos eran apuestos. Todos tenían una novia bellísima.

Todos eran atractivos en todo el sentido de la palabra. Hasta el día de hoy no entiendo cómo me dejaron entrar.

La declaración de misión de la fraternidad era simple: trabajar y hacer fiestas. Como un completo adicto al trabajo, lo primero sonaba como música para mis oídos. La segunda parte requería un cambio en mi estilo de vida. De algún modo tenía que incorporar las fiestas a mi agenda diaria de estudio de 16 horas. Yo quería aprobación, de modo que hice los ajustes necesarios. A mis estudios añadí beber alcohol, fumar, ir a bares, probar drogas, tener sexo y juergas de toda la noche. Era un hombre con muchas caras. Bueno, con dos para ser exactos.

¿Era feliz? No. Cuando estaba de fiesta me sentía culpable por no estudiar. Cuando estudiaba me sentía culpable por no estar de fiesta. Estaba estresado, presionado y falto de sueño. La declaración de misión de mi fraternidad no funcionaba para mí. Algo tenía que cambiar. Y pronto.

Afortunadamente, Dios intervino.

Una intervención divina

Un viernes en la noche me puse mi cara de fiesta y salí a beber con mis hermanos de la fraternidad. Un amigo cercano se preocupó por mí al verme ebrio, me tomó aparte amorosamente, y tuvo la valentía de invitarme a asistir a una reunión cristiana semanal el miércoles siguiente en la noche. Yo acepté la invitación a regañadientes. Después de la reunión yo estaba emocionado. No, no fue el contenido de la reunión lo que me emocionaba. Fueron las chicas bonitas. Volví semana tras semana solo para conversar con ellas. Podría decirse que Dios usó mis hormonas para exponerme al cristianismo.

Al cabo de unos meses, mi atención ya no eran las chicas bonitas sino Jesús. Me intrigaba el cristianismo. ¿Quién era este hombre que afirmaba ser Dios? ¿A qué se referían estas personas cuando hablaban de una "relación personal" con Dios? ¿Era Cristo la respuesta a mi constante vacío interno? Empecé a buscar respuestas. Hablé con sacerdotes católicos, pastores protestantes y ministros universitarios para investigar esta curiosa religión. Asistí a cultos por toda la universidad. Fastidié con mis preguntas a cada cristiano que conocía.

Sin embargo, no lograba entender. Nadie podía convencerme de que el cristianismo fuera verdad.

¿Cuándo creí por primera vez?

Cuando abrí la Biblia. Nueve meses después de esa primera reunión cristiana, la leí por primera vez. Apenas empecé a leerla, no pude parar. Terminé el Nuevo Testamento en seis meses, y me quedaba una decisión por hacer. Podía rechazar a Jesús como Dios y seguir engullendo agua salada, o podía aceptarlo como mi Salvador y Señor personal, y como la fuente de agua viva. Escogí la segunda opción. Durante mi último año de universidad, bebí por primera vez agua viva. Me convertí en cristiano.

Y todos mis problemas se solucionaron.

Sí, cómo no.

Después de volverme cristiano, ¿desaparecieron mis vicios? Más o menos. ¿Escupí agua salada y saturé mi corazón con agua viva? Más o menos. ¿Experimenté la libertad, la aceptación, la seguridad, la paz y el amor que buscaba? Más o menos. ¿Recuperé el paraíso perdido? Más o menos.

¿Se calmó mi sed en aquel entonces? Más o menos. ¿Y hoy? Más o menos.

¿Más o menos?

Sí. Más o menos.

Los teólogos llaman a esto la naturaleza "ya sí, pero todavía no" de la vida cristiana. Ya estamos saciados. Y aun *así*, todavía no estamos saciados.

Saciados, pero todavía no

Cuando creemos en Jesús, Él nos promete, *en efecto*, saciar nuestra sed con su agua viva. Él dice a Insacia: "mas el que bebiere del agua que yo le daré, *no tendrá sed jamás*" (Juan 4:14). Más adelante, en el mismo Evangelio dice:

> Yo soy el pan de vida; el que a mí viene, nunca tendrá hambre; y el que en mí cree, *no tendrá sed jamás* (Juan 6:35).

Jesús deja claro que su agua viva puede calmar la sed de *todo* aquel que crea en Él. Punto. Y sí, he tenido momentos en los cuales mi sed ha quedado saciada, cuando he probado el paraíso. A todos los cristianos se nos promete que experimentaremos esos anticipos. En mi caso, suceden por lo general cuando estoy bebiendo de una de las fuentes de agua que describí en el capítulo 5. Por ejemplo, cuando escucho una canción acerca de Jesús y experimento una sensación de gozo incomparable. O cuando oro después de un día de trabajo estresante y un sentimiento de paz inexplicable sosiega mi alma. O cuando escribo este libro y recibo una revelación espiritual que alboroza y deleita mi corazón.

Sí tengo degustaciones de paraíso. No con tanta frecuencia como desearía, pero sí ocurren. *Ya* experimento la poderosa presencia del Espíritu de Dios en tiempo real, aquí y ahora cuando bebo agua viva. *Ya* estoy lleno de amor, gozo, paz, paciencia, benignidad, bondad, fe, mansedumbre y templanza (Gálatas 5:22-23). *Ya* estoy satisfecho porque Dios mora en mi interior. *Ya* experimento el paraíso perdido.

Ya estoy saciado.

Y sin embargo, solo necesitas pasar cinco minutos conmigo para darte cuenta de que no estoy completamente saciado. No hago lo que debería. Hago lo que no debería. Rara vez experimento el fruto del Espíritu en toda su plenitud. Mis pensamientos vagan hacia cosas que me avergüenza mencionar. Profeso la fe en Cristo, pero con frecuencia vivo como si no fuera cristiano. En otras palabras, soy un hipócrita.

Ya estoy saciado, y aun así paradójicamente todavía no estoy saciado.

En su carta a los gálatas, el apóstol Pablo explica esta dinámica espiritual de "ya sí, pero todavía no". Esto dice:

> Porque el deseo de la carne es contra el Espíritu, y el del Espíritu es contra la carne; y estos se oponen entre sí, para que no hagáis lo que quisiereis (Gálatas 5:17).

La idea que Pablo señala aquí es que en cada creyente existen dos fuerzas que se oponen. La primera es el Espíritu de Dios. La segunda es nuestra carne, la parte de nuestro ser que no quiere nada que ver con Dios (véase capítulo 3, página 31). En nuestros momentos de "ya sí", el Espíritu es rey y la carne está inactiva. Estamos profundamente conectados con Dios. Manifestamos el fruto del Espíritu. Somos uno con Jesús. Sin embargo, en nuestros momentos de "todavía no", nos sentimos esclavos de la carne. Ella controla nuestro corazón, nuestra mente, nuestro cuerpo y nuestra alma, y nos aleja de Cristo. Nos lleva a pecar.

Seguimos tomando sorbos

¿Por qué está nuestra vida tan plagada de estos momentos de "todavía no"? Porque tomamos agua viva a sorbos. Subrayo *sorbos.* En lugar de engullir como deberíamos, la tomamos en pequeñas cantidades y solo cuando nos apetece.

Yo soy el ejemplo perfecto. En lugar de meditar en las Escrituras de día y de noche (Josué 1:8), la leo en la mañana, y a la hora del almuerzo ya la he olvidado. En vez de pasar diariamente tiempo de calidad con otros cristianos (Hechos 2:42-46), paso mi tiempo libre aislado, leyendo, escribiendo y monitoreando mis equipos deportivos favoritos. En vez de orar sin cesar (1 Tesalonicenses 5:17), oro cuando quiero algo o cuando mi vida es un caos. En vez de ser rico en buenas obras y generoso con mi dinero (1 Timoteo 6:18), me aferro a mi tiempo, mi energía y mi ingreso. En vez de ofrecer alabanza continuamente como sacrificio a Dios (Hebreos 13:15), con frecuencia lo ignoro. En vez de amar a Dios con todo mi corazón, mi alma, mi mente y mi fuerza (Marcos 12:30), lo amo solo con una diminuta parte de mí.

Debido a que con tanto desgana e inconstancia tomo sorbos de agua viva, todavía no estoy completamente saciado.

¡Por favor quiéranme!

¿De qué forma se manifiesta en mi vida el "ya sí, pero todavía no"? De todas las formas. Por ejemplo, en la aprobación social. Como mencioné, estaba bebiendo el agua salada de la aprobación social en Illinois, lo cual condujo a la desenfrenada vida de la fraternidad que combinaba trabajo y fiestas en un ciclo interminable. ¿He cambiado ahora que soy cristiano?

Más o menos.

Sí, mi anhelo de ser popular ha disminuido. Me contento con tener menos amistades. Me siento bien con menos vida social para enfocarme más en mi familia, mi carrera y Dios. Y no me importa si otros no piensan que soy fantástico. Asumo el riesgo de ser rechazado cuando me atrevo a hablar a otros acerca de mi fe. No me ofendo si a otros les desagrada este libro. Sí, todavía amo a la gente y deseo recibir su amor, pero no es algo que *necesite*. A diario escupo el agua salada de la aprobación social, bebo agua viva y descanso en la aprobación que recibo de Dios.

Aun así, en mi carne todavía quiero *realmente* ser popular.

¿Un ejemplo? Al final de cada mes paso la mañana del sábado haciendo un balance financiero de nuestro presupuesto familiar. El proceso me produce una intensa ansiedad. ¿Por qué? Porque mientras lo hago, tomo sorbos de agua salada. ¿En forma de qué? No de dinero. Ni de seguridad. Ni de posesiones. Ni nada que resulte evidente a simple vista. Bebo el agua salada de la aprobación social, la aprobación social de mi esposa. En el fondo, quiero ganarme el amor de Abby con ingresos económicos. Si fuéramos ricos, ella me amaría más. Si fuéramos pobres, ella me amaría menos.

Por supuesto que esto es absurdo. Abby me ama por lo que soy, no por mi dinero. Pero mi mente retorcida encuentra el modo de engañarse a sí misma cuando estoy metido en las hojas de cálculo financiero. Llego a convencerme a mí mismo de que nuestra riqueza y el amor de mi esposa van a aumentar o a encogerse de manera proporcional. Adoro a una esposa que adora el dinero, una esposa que ni siquiera existe. Con todas las fuerzas de mi ser quiero ser popular para una persona, Abby. Y por eso me preocupo cuando hago el balance de nuestro presupuesto. Eso sucede cada mes.

Ya sí, pero todavía no. Ya soy libre del ídolo de la aprobación social, pero aun así no completamente libre. Ya estoy escupiendo el agua salada, y aun así todavía tomo sorbos. Ya estoy bebiendo agua viva, y aun así a veces la escupo. Ya estoy saciado, pero aun así no completamente saciado.

Completamente saciado en el cielo

Gracias a Dios que el "ya sí, pero todavía no" no es el fin de la historia. *Llegará* un día en el que "ya sí, pero todavía no" quedará abreviado en "ya". Un día en el que seremos saciados plenamente. Cuando *todos* los seguidores de Jesús serán saciados por completo. Cuando la guerra entre el Espíritu y nuestra carne terminará con la victoria del Espíritu. Cuando el paraíso sea restaurado. El apóstol Juan habla acerca de este día en el libro de Apocalipsis. En el capítulo 7, él dice acerca del pueblo de Dios:

> Ya no tendrán hambre ni sed, y el sol no caerá más sobre ellos, ni calor alguno; porque el Cordero que está en medio del trono los pastoreará, y los guiará a fuentes de aguas de vida; y Dios enjugará toda lágrima de los ojos de ellos (Apocalipsis 7:16-17).

En el capítulo 21, Juan explica más detalladamente cómo va a suceder esto:

> Vi un cielo nuevo y una tierra nueva; porque el primer cielo y la primera tierra pasaron, y el mar ya no existía más. Y yo Juan vi la santa ciudad, la nueva Jerusalén, descender del cielo, de Dios, dispuesta como una esposa ataviada para su marido. Y oí una gran voz del cielo que decía: He aquí el tabernáculo de Dios con los hombres, y él morará con ellos; y ellos serán su pueblo, y Dios mismo estará con ellos como su Dios. Enjugará Dios toda lágrima de los ojos de ellos; y ya no habrá muerte, ni habrá más llanto, ni clamor, ni dolor; porque las primeras cosas pasaron.
>
> Y el que estaba sentado en el trono dijo: He aquí, yo hago nuevas todas las cosas. Y me dijo: Escribe; porque estas palabras son fieles y verdaderas (Apocalipsis 21:1-5).

¿Cómo se verá el "ya" de la eternidad? Primero, no se parecerá en nada a este mundo. Todo será hecho nuevo. *Todo.* El mundo físico que nos rodea será nuevo. Nuestros cuerpos serán nuevos. Nuestras relaciones serán nuevas. Nuestras mentes serán nuevas. Nuestros corazones serán nuevos. Todas las cosas y todas las personas serán hechas nuevas. Completamente nuevas.

Segundo, el "calor" o el sufrimiento de esta vida va a desaparecer. Este mundo fracturado ya no lo estará más. No habrá más aflicción ni preocupación. No más enojo, exasperación, inseguridad, enfado, odio ni angustia. No más violencia ni crimen. No más problemas financieros. No más rupturas en las relaciones. No más estrés, fatiga, males ni dolores. No más sufrimiento de ninguna clase. El calor desaparecerá. Completamente.

Tercero, Dios vivirá con nosotros para siempre. Esto significa que ya no habrá viajes intermitentes a las fuentes de agua, sino que estaremos conectados al agua viva por vía intravenosa. Jesús será nuestro Pastor perfecto. Lo adoraremos de manera perfecta. Experimentaremos el paraíso que la humanidad tuvo que abandonar en el huerto de Edén. Viviremos en un nuevo huerto. Un nuevo cielo. Una nueva tierra. Un mundo de perfección. Nuestra sed por fin será saciada. Para siempre.

Para siempre.

Una invitación

Durante mi último año de universidad tuve que hacer una elección. Podía derramar mi agua salada o seguir llenando mi vaso. Podía confesar mi pecado o hacerme el de la vista gorda. Podía saciar mi sed con agua viva o seguir tomando sorbos de agua salada.

Yo elegí tomar agua viva.

Dios te invita a elegir la misma bebida. Tal vez por primera vez. Él te invita a poner tu fe en Jesús como tu Señor y Salvador. Él te invita a derramar tu agua salada y en cambio tomar la bebida que nunca más te dejará sediento.

Si estás listo para aceptar su invitación, te animo a hacer tres cosas. Primero, díselo. Búscalo en oración y dile que estás listo para derramar tu agua salada y beber su agua viva. Dile que estás listo para rendir tu vida a Él como tu Dios. Dile que estás listo para beber del agua que salta para vida eterna (Juan 4:14).

Segundo, habla con un cristiano maduro acerca de tu decisión, alguien que pueda guiarte para comenzar tu caminar cristiano. Habla con un pastor. Habla con un amigo cristiano de confianza. Habla con alguien que tenga una fe sólida en Cristo. No empieces solo esta maravillosa vida nueva.

Tercero, te invito a unirte a mí en esta batalla en la que se enfrentan nuestra carne y el Espíritu. Ya estaremos saciados, pero no todavía. Será hermoso y feo a la vez. Será fácil y agotador. Habrá altibajos. Habrá avances y retrocesos. Será una pelea. Bueno, más bien será como una guerra.

Sin embargo, un día la guerra terminará. El Espíritu vencerá. El mal quedará tirado junto al camino. Jesús prevalecerá. Y nosotros estaremos con Él, en el paraíso, por la eternidad.

Espero verte allí.

7. DIOS-BASURA-REGALO

"Porque todo lo que Dios creó es bueno, y nada es de desecharse, si se toma con acción de gracias".

1 Timoteo 4:4

Este breve capítulo explica la estructura de los ocho capítulos siguientes. El formato es simple: *dios-basura-regalo*. Estas son las tres maneras como usualmente tratamos cualquier forma de agua salada. Podemos mover el péndulo en una dirección e idolatrarla, convirtiéndola en un **dios**. Podemos mover el péndulo hacia el otro extremo y demonizarla, convirtiéndola en **basura**. O podemos usarla conforme al propósito original de Dios y tratarla como un **regalo** de lo alto.

En los tres casos, estamos poniendo nuestra esperanza en algo. En el primero, ponemos nuestra esperanza en el agua salada como tal. En el segundo, ponemos nuestra esperanza en el rechazo del agua salada. En el tercero, nuestra esperanza está en el Dador de agua salada, Jesucristo.

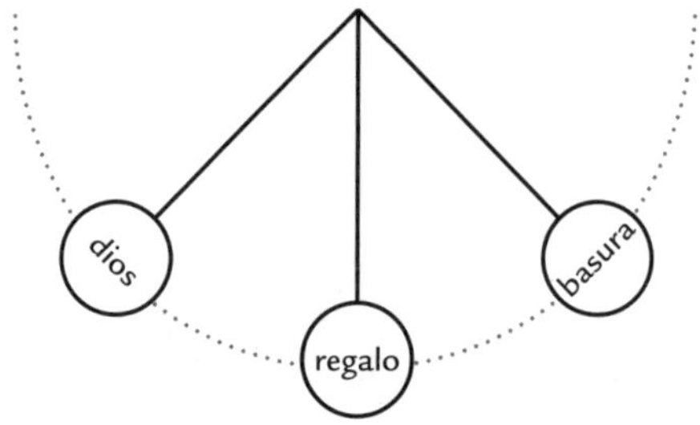

Como ilustración, veamos el agua salada de la cafeína.

Claudia es adicta al café. Antes de su primera taza de la mañana, trata mal a su familia. Hace tres paradas al día en Starbucks y pide un "venti americano" con cinco cafés expreso. *Cinco.* Su presupuesto mensual para café triplica el del pago de su auto. Ella no puede funcionar sin cafeína. Es su dios.

Estela evita la cafeína a toda costa. Ella cree que, a los ojos de Dios, el café contamina su cuerpo. Aunque reconoce que esta prohibición autoimpuesta puede parecer excesiva a otros, ella cree que recibirá una bendición especial en el cielo si ella se abstiene. De modo que ella misma se restringe y en actitud farisaica menosprecia a quienes actúan de otra manera. Ella ha convertido el café en basura. Al hacerlo, adora el dios falso de un cuerpo libre de químicos.

Manuela es una mujer cristiana. Durante la semana, ella limita su consumo de café a dos tazas diarias, una antes de trabajar y otra después de almuerzo. En la mañana del sábado añade una bebida adicional. Disfruta de una bebida carbonatada de un litro, una mezcla de Coca-Cola de cereza y Coca-Cola dietética, repleta de cafeína. Tan pronto la pajita plástica roja toca sus labios, ella sonríe de oreja a oreja con una risita jubilosa y un "¡gracias, Jesús!". En el lapso de una hora termina su bebida. Y su día continúa. Para Manuela, la cafeína es un regalo de Dios. Nada más. Nada menos.

Tres mujeres. Tres respuestas diferentes a la cafeína. Claudia la trata como un dios. Estela la trata como basura. Manuela la trata como un regalo de Dios.

Cada uno de los ocho capítulos siguientes seguirá el mismo formato: dios-basura-regalo. Voy a hablar acerca de ocho formas de agua salada para mostrar cómo podemos tratar cada una como un dios, demonizarla como basura, o adorar a Dios por darnos cada una de ellas como un regalo. Definitivamente, la lista no es exhaustiva, pero es un buen comienzo. Y no se presentan en una secuencia particular, de modo que puedes leer los capítulos en cualquier orden, o nada más escoger los temas que te parezcan más relevantes.

Ahí está: dios-basura-regalo. ¿Qué es para *ti* el agua salada?

8. DINERO

"El dinero todavía no ha hecho feliz al hombre, ni lo hará... Cuanto más tiene un hombre, más quiere tener. En lugar de llenar un vacío, lo crea".

Benjamin Franklin

Día de pago.

Estas palabras son como música para los oídos de la mayoría. Es un día para ver que mejora el extracto bancario. Un día para pagar las cuentas y las tarjetas de crédito. Un día para derrochar en clubes de golf, zapatos o una noche en la ciudad. Es un día que impulsa a la gente a seguir adelante.

Sin embargo, cuando era pastor en Manhattan, yo le tenía pavor al día de pago. Estaba ansioso los días previos. Durante el día de pago, un suceso que ocurre una sola vez al mes, yo sentía dolor en la boca del estómago. ¿Por qué?

Porque yo nunca sabía cuánto iba a ganar. El 100% de mi sueldo mensual provenía de un grupo de donantes generosos pero *extremadamente* impredecibles. A veces olvidaban donar. A veces dejaban de dar sin notificarme. A veces daban menos de lo que prometían. A veces daban *más* de lo que habían prometido. Una cosa era cierta: el día de pago era un juego de adivinanzas. Un juego que no era divertido.

No obstante, ¿cuál era la *raíz* de mi ansiedad en los días previos al día de pago? ¿Era nada más el hecho de desconocer a cuánto ascendía mi salario?

No. Yo estaba bebiendo agua salada, el agua salada del dinero. En vez de confiar en Dios, estaba permitiendo que mi ingreso (o la falta del mismo) reinara en mi corazón, mi mente y mis emociones. En vez de creer que Dios iba a suplir todas mis necesidades (Mateo 6:31-33), yo le daba la espalda y temía quedar en bancarrota. En vez de depositar mi confianza en Cristo, la ponía en una determinada cantidad de dólares. En lugar de beber agua viva, estaba bebiendo el agua salada del dinero.

Puede que esa sea tu situación.

DIOS: Salvación por acumulación

El tema del dinero era importante para Jesús. Tan importante que habló más acerca de este que acerca del cielo y el infierno juntos. Tan importante que lo menciona en once de sus parábolas. Tan importante que solo un tema, el reino de Dios, recibe mayor atención en los Evangelios.

El joven rico

En un pasaje acerca del dinero, Jesús tuvo una conversación con un joven rico que claramente engullía el agua salada del dinero. He aquí un aparte de la historia del Evangelio de Mateo:

> Entonces vino uno y le dijo: Maestro bueno, ¿qué bien haré para tener la vida eterna?
>
> Él le dijo: ¿Por qué me llamas bueno? Ninguno hay bueno sino uno: Dios. Mas si quieres entrar en la vida, guarda los mandamientos.
>
> Le dijo: ¿Cuáles?
>
> Y Jesús dijo: No matarás. No adulterarás. No hurtarás. No dirás falso testimonio.

> Honra a tu padre y a tu madre; y, Amarás a tu prójimo como a ti mismo.
>
> El joven le dijo: Todo esto lo he guardado desde mi juventud. ¿Qué más me falta?
>
> Jesús le dijo: Si quieres ser perfecto, anda, vende lo que tienes, y dalo a los pobres, y tendrás tesoro en el cielo; y ven y sígueme.
>
> Oyendo el joven esta palabra, se fue triste, porque tenía muchas posesiones (Mateo 19:16-22).

Lo único que tenía que hacer este hombre para ganar la vida eterna era desprenderse de su fortuna y seguir a Jesús. Nada más. Con ello obtendría una enorme recompensa. No solo iría al cielo, sino que haría *tesoro* en el cielo (v. 21). Pero no pudo hacerlo. No pudo renunciar al dinero. No pudo derramar su agua salada.

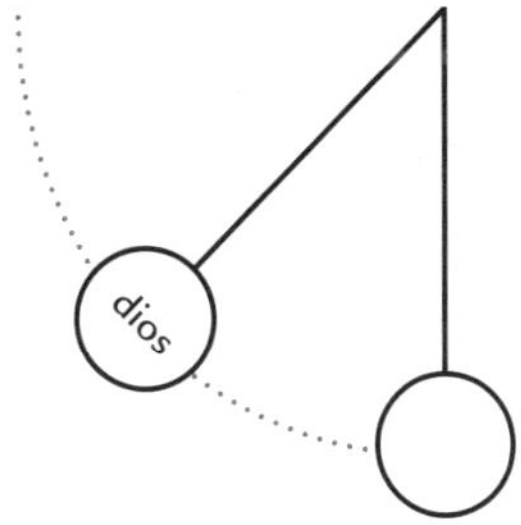

¿Cuál es la lección aquí? Si eres rico, ten cuidado. El dinero es una forma apetitosa de agua salada. Tan apetitosa que este hombre rechazó el cielo para conservar su fortuna. Tan apetitosa que puede tentar a los cristianos a alejarse de Cristo (1 Timoteo 6:10). Tan apetitosa que Jesús dice que es más fácil que un camello pase por el ojo de una aguja que un rico entre en el reino de Dios (Mateo 19:24). En otras palabras, es difícil tener los bolsillos llenos y seguir a Cristo. Tan difícil que Jesús dice que sería imposible, si no fuera por la obra de Dios en nosotros (Mateo 19:25-26).

Esclavos pobres

¿Y si *no* eres adinerado como el joven rico? ¿Qué si eres pobre? ¿Aun así puedes estar tomando sorbos del agua salada del dinero? ¿Necesitas *tener* dinero para estar bebiendo el agua salada del dinero?

No. Una persona con muy poco dinero puede adorarlo con tanto fervor como un multimillonario tacaño. Considera dos ejemplos.

Esteban es un ministro poco remunerado que está comprometido de manera obsesiva con ahorrar cada centavo en aras de la "buena mayordomía". Obliga a su esposa Laura, que es ama de casa, a pasar varias horas al día buscando cupones de descuento y la reprende cuando ella olvida usar uno. Él pasa sus tardes en los cafés, pero trae su propio café preparado en casa. Aunque su familia está agotada y necesita con urgencia unas vacaciones (no han tomado una en diez años), él se niega a viajar porque lo considera un gasto insustancial. A regañadientes compra ropa a sus hijos y solo si la ropa vieja tiene agujeros. Se niega a reemplazar el auto viejo de su esposa, a pesar de que es un riesgo usarlo. Su casa está cayéndose a pedazos, pero él no piensa gastar un centavo en arreglarla. Él empieza y termina sus días preocupándose por dinero, y así ha vivido por más de 20 años.

Juana acaba de graduarse de su posgrado y ha empezado su nivel básico como trabajadora social con un pequeño salario. Como cristiana, ella ha aprendido a ofrendar una parte de sus ingresos a la iglesia, pero ella no lo hará hasta que logre pagar los préstamos educativos, en diez años. Aunque ella puede pagar su alquiler mensual, miente acerca de sus ingresos a sus padres, y ellos lo cubren. Cuando compra ropa deja las etiquetas, la usa tres o cuatro veces, y la devuelve. Finge que olvida su billetera cuando sale a comer con amigas, y cuando paga deja poca propina. Roba suministros de oficina y engaña en sus impuestos. Revisa constantemente su saldo bancario y sufre ataques de pánico cuando este disminuye. No puede dejar de pensar en dinero.

Esteban y Juana tienen dos cosas en común. Ambos son relativamente pobres, al menos según los estándares occidentales. Sin embargo, ambos son esclavos del dios del dinero. Lo aman con el mismo fervor que el joven rico.

BASURA: Salvación mediante la pobreza

Muchos adoramos el dinero. Sin embargo, algunas personas mueven el péndulo en la otra dirección y lo demonizan, considerándolo "basura". Se enorgullecen de su pobreza. Desprecian al que es adinerado. Toman medidas drásticas para evitar salarios elevados, estilos de vida cómodos y lujos mundanos. Para estas personas, el dinero es malo.

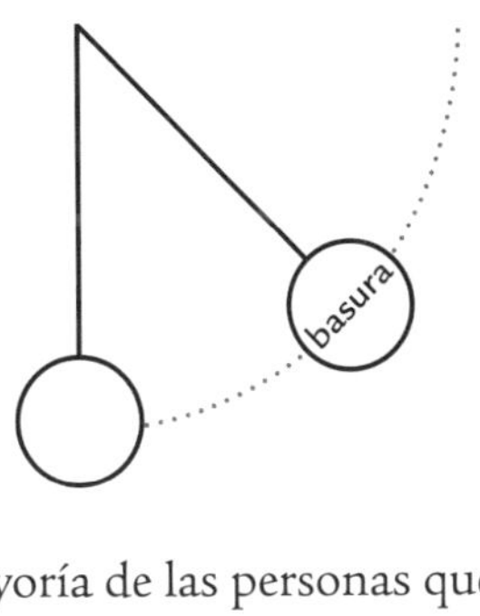

No es de extrañar que la mayoría de las personas que demonizan el dinero lo hagan en nombre de la religión. Considera el movimiento monástico cristiano. Apareció a finales del siglo tercero y sigue presente hasta hoy, y su meta consiste en aislar a los cristianos del mundo exterior, eliminar las tentaciones innecesarias, y proveer un ambiente libre de distracciones para tener comunión con Dios. Suele incluir un voto de pobreza. El mensaje implícito de ese voto es, por supuesto, que el dinero es un obstáculo para Dios. Nos seduce a la autocomplacencia. Nubla nuestra visión de lo divino. Es un arma de Satanás y un enemigo de la santidad. Las personas más piadosas lo evitan.

Sin embargo, la interpretación monástica del dinero adolece de un grave problema. Al demonizar el dinero, los monjes y las monjas crean un ídolo alternativo. Adoran al dios de la necesidad. Convierten la privación personal en un camino a la piedad, lo cual nunca ha sido su función. Equiparan pobreza con santidad y pasan por alto el hecho de que muchos de los héroes más santos de la Biblia, como Abraham, José y David, para nombrar unos pocos, fueron bastante adinerados. Al final, consideran vil el dinero y exaltan la ausencia del mismo. Con esto, irónicamente apartan los ojos del Dios a quien afirman buscar con tanto rigor, y los ponen en otro salvador.

Pero yo no vivo en un monasterio

Está bien, no eres un monje ni una monja. ¿Aún así puede que estés demonizando el dinero en nombre de la religión e incluso más específicamente en nombre del cristianismo? Por supuesto. Toma a Elisabet como ejemplo.

Elisabet es un ama de casa de edad madura y de clase media que tiene tres hijos y un esposo que trabaja en construcción. Ella conduce una minivan usada y vive en una casa vieja de un piso con tres habitaciones. Asiste a una megaiglesia evangélica y está muy comprometida con Dios. Lee su Biblia cada día, ora con diligencia, y sirve en un albergue para personas sin hogar los viernes en la noche. Sus amigos la admiran. Su pastor la aprecia mucho. Por fuera, ella aparenta ser impecable.

¿El problema? Cada domingo recae en el mismo hábito. Ella observa cómo otros cristianos llegan en sus autos finos, visten ropas finas y viven en casas elegantes, y los condena por eso. Para Elisabet, el dinero que ostentan es una señal de inmadurez espiritual. Ella cree que esas personas están atrapadas en vidas de materialismo y codicia, y que definitivamente son menos "cristianas" que ella. Ella les sonríe cuando los encuentra en la iglesia, pero en su corazón los condena. Aunque ella nunca lo reconocerá, son sus enemigos. Y en su mente, también son enemigos de Dios.

¿Cuál es el pecado de Elisabet? Juzgar a otros. Ella vive enojada, critica todo y se cree superior a los demás. Está tomando sorbos del agua salada de la pobreza. Ha demonizado el dinero y todo el que lo posee.

REGALO: El regalo del dinero

Cuando idolatramos el dinero exaltamos la riqueza. Cuando demonizamos el dinero, exaltamos la pobreza. ¿Cómo podemos librarnos de ambos extremos? ¿Cuál debería ser nuestra actitud frente al dinero?

La parábola de los talentos

En Mateo 25:14-30, Jesús relata lo que se conoce comúnmente como la parábola de los talentos. En aquella época, un talento era una unidad monetaria que equivalía más o menos a veinte años de salario de un jornalero. Para resumir la historia, un señor sale de viaje y confía su riqueza a tres siervos. Al primer siervo le entrega cinco talentos, al segundo dos y al tercero uno. El siervo con cinco talentos usa el dinero para producir cinco talentos más, un rendimiento del 100%. El segundo siervo también obtiene un buen resultado y duplica sus dos talentos. En cambio, el tercer siervo cava un hoyo y entierra el único talento que recibió.

Cuando el señor regresa, está complacido con los dos primeros siervos y a ambos dice:

> Bien, buen siervo y fiel; sobre poco has sido fiel, sobre mucho te pondré; entra en el gozo de tu señor (Mateo 25:21, 23).

El señor no está feliz con el tercer siervo. Se refiere a él como "malo" y "negligente" (v. 26), por no mencionar que fue insensato al no buscar ganancia con los intereses de su talento en un banco local. De hecho, está tan enfurecido con él que le quita el talento para dárselo al que tiene diez, y lo echa en las tinieblas, donde "será el lloro y el crujir de dientes" (v. 30).

¡Ay!

Veamos tres enseñanzas breves que podemos extraer acerca del dinero a partir de esta historia.

Como un préstamo

En primer lugar, no somos dueños de lo que tenemos. Dios es el dueño. Nosotros nada más lo recibimos en préstamo. *Todo* nuestro dinero es un préstamo temporal de Dios. Lo mismo que los talentos de los tres siervos. Esto significa que debemos estar listos y dispuestos a entregárselo a Él si nos ordena hacerlo. No debemos aferrarnos al dinero, nuestro afecto hacia él debe ser moderado, y las cadenas que atan nuestros corazones a él deben romperse. Asimismo, si eres rico, no te enorgullezcas por ello. Solo eres rico porque Dios te ha dado un préstamo mayor. Por otro lado, si no eres rico, no te avergüences por ello, porque Dios en su sabiduría y bondad ha elegido en amor prestarte menos. En términos simples, tu capital neto y tu valor como persona no son lo mismo.

Hacer dinero

Segundo, Dios no se opone a que hagamos dinero. De hecho, a Él le agrada sobremanera que lo hagamos. Él quiere que trabajemos duro y que multipliquemos la riqueza que nos ha prestado. Por eso el Señor estaba tan complacido con los primeros dos siervos.

Y como muestra el resto de la Biblia, hay una razón por la que Él quiere que hagamos más dinero. Él quiere que bendigamos a otros. Él quiere que seamos hospitalarios, generosos, caritativos, desprendidos y que demos con liberalidad. Él quiere que proveamos en amor para las necesidades de nuestros seres queridos, de extraños y del menesteroso. Él quiere que alimentemos a los hambrientos, vistamos a los que están desnudos, hospedemos a los que no tienen hogar (Proverbios 22:9; 28:27; Mateo 25:31-46). Dios no se opone a que gastemos dinero en nosotros mismos, sino que su visión se extiende más allá de eso. Él quiere que ayudemos a otros con nuestro dinero.

Un asunto importante

Tercero, el dinero es un asunto importante para Dios. El destino del siervo que tenía un solo talento lo deja claro. ¿Por qué es un asunto tan importante? Porque nuestra actitud hacia el dinero es la prueba de fuego que evidencia nuestra actitud hacia Dios. Si amamos el dinero, odiaremos a Dios. Si amamos a Dios, no amaremos el dinero. Tan sencillo como eso. Jesús deja claro esto en su Sermón del Monte (Mateo 5, 6 y 7):

> Ninguno puede servir a dos señores; porque o aborrecerá al uno y amará al otro, o estimará al uno y menospreciará al otro. No podéis servir a Dios y a las riquezas (Mateo 6:24).

No basta con solo derramarla

Para concluir el capítulo, volvamos a la historia de Sam Polk que relaté en el capítulo tres. A su favor, podemos decir que él admitió que era adicto al dinero. Incluso tomó algunas medidas para derramar su agua salada. Cuando se dio cuenta de su adicción, renunció a su trabajo en Wall Street. Empezó a visitar cárceles para hablar a los presos acerca de *sus* adicciones al dinero. Fundó una compañía sin ánimo de lucro para ayudar a familias de bajos recursos. Incluso desafió públicamente a sus antiguos colegas de

Wall Street a donar el 25% de sus bonificaciones anuales para los que viven en la pobreza.

Sin embargo, ¿logró librarse de su adicción al dinero? ¿Logró ser totalmente libre? ¿Las cadenas tóxicas se rompieron completamente? No. Al final del artículo, él reconoce que su adicción al dinero todavía lo persigue. Como evidencia, refiere su hábito de comprar billetes de lotería.

¿Por qué Polk parece incapaz de librarse de su sed insaciable de dinero? Por una razón. Hasta donde sé, aunque él derramó su agua salada, no la reemplazó con agua viva. No ha probado la bebida cuyo sabor es superior al de tres trillones de dólares. No se ha satisfecho con Cristo. Hasta que eso suceda, seguirá tomando sorbos de agua salada.

Si estás tomando del agua salada del dinero, primero derrámala. Da con generosidad. Vive con moderación. Cuida a los pobres. Deja de acumular por el simple gusto de acumular. Deja de buscar la salvación en tu salario. Deja de hacer tesoros en la tierra. Pero no te detengas ahí. Empieza a seguir a Jesús. Empieza a beber agua viva. Empieza a adorar a Cristo. Empieza a buscar la salvación en el único Salvador que puede satisfacer tu alma como el dinero nunca podrá hacerlo.

Entonces tendrás tesoros en el cielo.

9. SEXO

Adivina cuántos adictos al sexo hay en los Estados Unidos de América.
¿50.000?
Más.
¿100.000?
Más.
¿500.000?
Todavía lejos.

Según un artículo de la Asociación Americana para la Terapia Matrimonial y Familiar publicado en 2014, cerca de *12 millones* de personas en los Estados Unidos son adictas al sexo, personas que participan de manera compulsiva en actividades sexuales a pesar de las consecuencias perjudiciales para la vida. Esa cifra supera la de los habitantes de los estados de Wyoming, Vermont, Dakota del Norte, Alaska, Dakota del Sur, Delaware, Montana, Rhode Island, New Hampshire, Maine y Hawaii *combinados.* Y supongo que ese cálculo está por debajo de la realidad, ya que los adictos al sexo rara vez reconocen que lo son.

¿Por qué la adicción sexual se ha vuelto una epidemia? Algunas personas culpan a la Internet por facilitar el acceso a la experimentación sexual y la anonimidad. Otros culpan a la televisión por hacer que parezcan excesivamente atractivas la expresión y la libertad sexuales. Algunos culpan incluso a nuestros teléfonos por convertir en una práctica común el "sexting" y la pornografía móvil. Pero ¿cuál es la causa *real* de la adicción? ¿Podemos culpar a la tecnología?

De ninguna manera. Una persona se vuelve adicta por una razón. El sexo es agua salada, quizás en su forma más tentadora. Y un adicto sexual se vuelve adicto tomando sorbos de ella.

DIOS: Salvación mediante porno

Permíteme explicar una elección deliberada de vocabulario. Estoy usando una palabra conocida con una fuerte connotación cultural para describir todas las versiones de consumo de agua salada con sabor a sexo:

Porno.

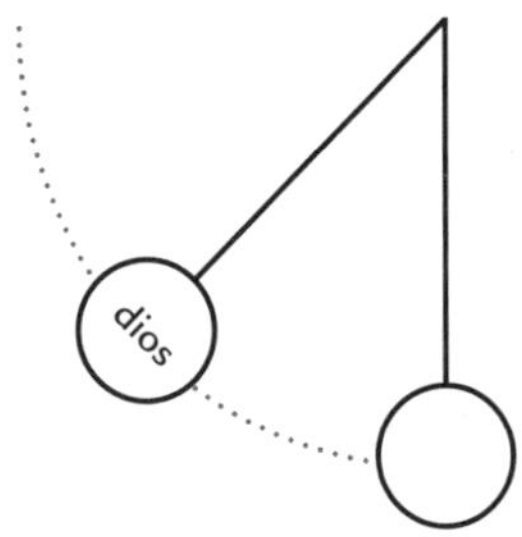

Sin embargo, porno en este contexto no es la abreviación de pornografía. Es la abreviación de *porneia*, una palabra griega que aparece 26 veces en el Nuevo Testamento. *Porneia* se usa para describir *cualquier* tipo de inmoralidad sexual: sexo prematrimonial, homosexualidad, aventuras extramatrimoniales, prostitución, violación... *todo aquello* que es por naturaleza sexualmente anormal. *Porneia*, o porno para abreviar, es cualquier forma de sexo fuera del lecho matrimonial heterosexual.

Voy a dividir porno en dos categorías: porno *virtual* y porno *en vivo*. El porno virtual es precisamente como suena: sexo simulado.

Por lo general, incluye darse placer sexual con vídeos, fotos, conversaciones, historias o imágenes mentales eróticas. Por otro lado, el porno en vivo ocurre en la vida real, en tiempo real con personas reales.

Permíteme presentarte a un héroe bíblico que, como muchos saben, cedió al porno en vivo.

El rey David

En 2 Samuel 11 encontramos la verdadera historia de David y Betsabé. La historia ocurre en la primavera, la época del año durante la cual los reyes salían a la guerra. Por alguna razón, aquella primavera el rey David se encuentra en casa descansando. Una noche no podía dormir. Sale de su cama y se da un paseo por el terrado del palacio. Esto es lo que sucede:

> Y vio desde el terrado a una mujer que se estaba bañando, la cual era muy hermosa. Envió David a preguntar por aquella mujer, y le dijeron: Aquella es Betsabé hija de Eliam, mujer de Urías heteo. Y envió David mensajeros, y la tomó; y vino a él, y él durmió con ella. Luego ella se purificó de su inmundicia, y se volvió a su casa (2 Samuel 11:2-4).

Después de observar a Betsabé desnuda, David se da gusto con una dosis de porno en vivo.

¿Qué sucede después?

> Y concibió la mujer, y envió a hacerlo saber a David, diciendo: Estoy encinta (vv. 4-5).

La dejó embarazada. ¡Qué lío!

¿Qué hizo entonces? Por miedo, David intenta encubrir lo que hizo. Llama al esposo de Betsabé, Urías, un soldado en el ejército de David, y lo manda volver a casa. ¿Con qué propósito? Para que tenga sexo con Betsabé, y así el mundo crea que el bebé es de Urías, y David salga del apuro (recuerda que en aquella época no existían pruebas de paternidad). ¿Cuál fue la respuesta de Urías para David?

> El arca e Israel y Judá están bajo tiendas, y mi señor Joab, y los siervos de mi señor, en el campo; ¿y había yo de entrar en mi casa para comer y beber, y a dormir con mi mujer? Por vida tuya, y por vida de tu alma, que yo no haré tal cosa (v. 11).

David incluso intenta embriagarlo para que vaya a casa. Pero Urías no muerde el anzuelo. Es un soldado demasiado leal.

Así que a David se le ocurre un plan de contingencia. Planea que Urías muera en batalla. Al menos así el soldado no estará vivo para negar que el bebé es suyo. ¿Cómo se asegura David de que muera? Manda a Joab poner a Urías al frente de la batalla donde el combate es más intenso, y que se retire y lo deje solo. Joab acata las órdenes de David, y Urías muere. Para ser más exactos, David lo asesina.

Lo que empezó con porno termina con un asesinato a sangre fría.

Si bien se pueden extraer muchas lecciones de esta historia, me gustaría subrayar dos, ambas relativas al porno.

El porno te cambia

Primero, si tomas sorbos del agua salada del sexo como David, si participas en porno, este te cambia. Corrompe tu corazón, tergiversa tus valores y te convierte en un animal. Mira a David. Se trataba de un "varón conforme [al corazón de Dios]" (Hechos 13:22). Se trataba del líder ungido del pueblo elegido de Dios (1 Samuel 16). Se trataba del antepasado de Jesús mismo (Mateo 1). Y después de saciar su apetito de porno se convierte en un hombre sanguinario y despiadado. Olvida quién es. Olvida lo que representa. Se olvida de Dios. Se vuelve irreconocible.

¿Cómo te va a cambiar el *porno*? Es probable que no te convierta en un asesino como David, pero *va* a trastornar tu cabeza. Piensa en el ejemplo de Tomás. Ha estado casado con Bertha por solo seis meses. Antes de su día de bodas, él había estado metido en porno virtual y porno en vivo durante catorce años. Pasaba su tiempo en clubes de *striptease*, visitaba prostitutas, miraba películas pornográficas, tenía relaciones sexuales en bares, por mencionar algunos. Como resultado, él ya padecía lo que yo llamo "daño cerebral porno".

Primero, su mente ya estaba programada para ver a las mujeres a través de una sola lente, la sexual. Cuando él ve a una mujer, automáticamente la desviste con sus ojos e imagina tener sexo con ella. Es tan instintivo como respirar. Él sabe que está mal, pero no puede controlarlo.

Segundo, porno se ha convertido en la *única* manera en que su cerebro y su cuerpo pueden lograr la excitación sexual. Él necesita que esté acompañada de novedad, engaño y riesgo para ser estimulado. Puesto que ninguno de estos elementos estaban presentes en la cama con Bertha, él es físicamente incapaz de tener sexo con ella. Algo así como una disfunción eréctil.

Tercero, tiene un repertorio ilimitado de imágenes sexuales mentales que están impresas en su memoria. Le obsesionan. Le tientan. Le seducen a abrigar sentimientos de resentimiento contra Bertha por no dar la talla. Le hacen lamentar haberse casado. Y Bertha lo sabe.

No, Tomás no es un asesino. Es un hombre perverso, malicioso y atormentado. El porno trastornó su cabeza. Ha enturbiado su corazón hacia su esposa. Ha cavado un abismo entre él y Dios. Le ha hecho infeliz.

Y hará lo mismo contigo.

El porno daña a las personas

La segunda lección de la historia de David y Betsabé es la siguiente: el porno no solo daña al que lo comete, sino que daña a *otros*. Destruye a los cónyuges. Pone distancia entre los seres queridos. Lo peor de todo, es una bofetada directa al rostro de Dios. Una horrenda bofetada.

Volvamos a David. ¿Cómo afecta su caída en el porno a las demás personas? Para empezar, Betsabé queda embarazada y Urías muere. Pero un capítulo después vemos que hay tres consecuencias más que vienen de la mano de Dios: la nación de Israel recibe una sentencia de guerra por el resto de los días de David, las esposas de David son entregadas a otros hombres que las violan públicamente, y el hijo de David con Betsabé muere (2 Samuel 12:10-14). ¡Qué dolor! *Muchas* personas, no solo David, sufren a causa de su porno.

¿Cómo perjudicará a otros el porno en tu vida? Puede que no haya embarazos, muertes ni se desaten guerras, pero otros *van* a sufrir. Volvamos a Tomás. Primero, él ha hecho sentir a Bertha profundamente insegura, confundida y sexualmente frustrada. Ella nunca pensó que se casaba con un adicto al porno, y quiere irse. Están además las mujeres que él mira a diario con lujuria. Las deshumaniza, las hace sentir como objetos y asqueadas. Por último, están los extraños a quienes él perjudicó sin darse cuenta por más de una década. Ha tenido sexo con mujeres que, sin él saberlo, fueron forzadas a practicar la prostitución, miró pornografía de niñas que fueron víctimas de tráfico sexual y aportó miles de dólares a los clubes nocturnos que son propiedad de hombres dedicados a abusar y degradar a las mujeres. Sí, el porno de Tomás lo está destruyendo a él, pero está dañando mucho más a otros.

Lo mismo pasará contigo.

BASURA: Salvación por abstinencia

No todos adoran el sexo como el rey David o Tomás. De hecho, algunas personas, aunque es algo bastante *inusual* en la cultura de hoy, demonizan el sexo. Y como quienes demonizan el sexo, la mayoría de estas personas lo hacen por motivos religiosos. Como Alexandra.

Alexandra creció en una familia que no es religiosa. En la

secundaria, su amiga cercana la invitó al grupo juvenil de una iglesia. A Alexandra le gustó mucho. En la primera reunión ella se hizo cristiana.

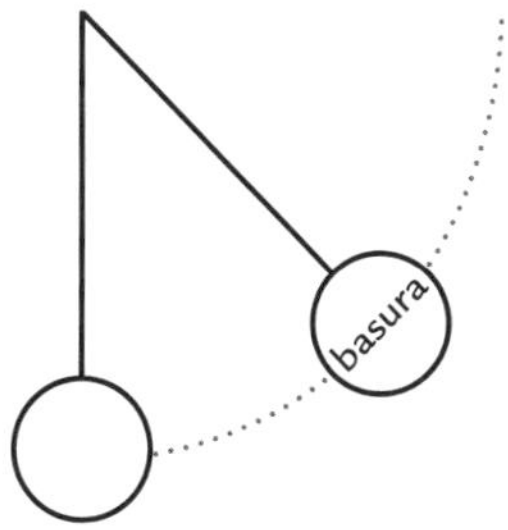

Estando en la universidad, sintió el llamado de ser misionera. En especial, se sentía fascinada e inspirada por la vida del apóstol Pablo: su valentía, su osadía y su disposición a abstenerse de los placeres mundanos con tal de hablar a otros acerca de Jesús. Ella quería ser *exactamente* como él.

Después de la universidad, Alexandra se lanzó de inmediato al campo misionero. Su primera parada fue una aldea aislada en el norte de África. El primer año pasó relativamente sin contratiempos. Aprendió rápidamente el idioma local, estudió con gran entusiasmo la cultura africana, y ocupó su tiempo con nuevas aventuras emocionantes. La vida en el campo misionero era maravillosa.

Sin embargo, las cosas se complicaron en su segundo año. Contrajo malaria. La robaron. Se fracturó un brazo en un accidente de bicicleta. Pero lo peor fue el aislamiento. Estaba sola. La única forma que ella conocía para hacer frente a todo ello era recordar la vida de sacrificio del apóstol Pablo, y enfocarse en las palabras de Jesús en Mateo 16:

> Entonces Jesús dijo a sus discípulos: Si alguno quiere venir en pos de mí, *niéguese a sí mismo*, y tome su cruz, y sígame (Mateo 16:24).

Alexandra está en su tercer año como misionera, y las cosas solo han empeorado. Siempre está enferma. Está cansada y agotada por el poco éxito que tiene en convertir a los africanos a Cristo. Está más sola que nunca. Carece de gozo. Ha olvidado las razones por las cuales entró en primer lugar al campo misionero. Se siente desdichada física, emocional y espiritualmente.

En su estado debilitado, también ha caído en un patrón pecaminoso de pensamiento. Juzga a sus amigas cristianas que viven en su país por "sus vidas fáciles". Las menosprecia en su corazón por haberse casado, por tener sexo, tener bebés y por conformarse a las normas sociales. Las desprecia por negarse a obedecer *seriamente* Mateo 16:24 y negarse a sí mismas como ella lo hace. En sus peores momentos, cuestiona incluso la salvación de ellas. Lleva puesto un anillo simbólico en honor de su celibato, y condena a quienes no están dispuestas a llevar el mismo anillo.

Alexandra está haciendo dos cosas. Demoniza el sexo, el matrimonio y la familia, y, por otro lado, idolatra la abstinencia, el sacrificio y la negación de sí misma.

Por desdicha, ya no se parece al apóstol Pablo.

REGALO: El regalo del sexo

Millones de personas alrededor del mundo idolatran el sexo, convirtiéndolo en un dios. Alexandra y una fracción más pequeña de la población lo demonizan, convirtiéndolo en basura. Ambas perspectivas son desequilibradas y perjudiciales. ¿Cómo, pues, debemos tratar el sexo? ¿Cómo debemos aproximarnos a este delicado tema?

La mala noticia

Antes de seguir adelante, debo hacer una salvedad: el porno ofrece muchas cosas que vas a extrañar si decides abstenerte de él. Ofrece novedad: nuevas parejas, posiciones, imágenes e historias con cada aventura. Ofrece variedad: rubias, morenas, hombres, mujeres y gente de todo tipo, lo que sea y con quien sea que desees, usualmente dondequiera que lo desees. Ofrece adrenalina: una descarga que se siente cuando se entra en situaciones arriesgadas y secretas. Ofrece libertad: la capacidad de dejar a tu pareja en cualquier momento. Por último, durante un momento breve, puede hacerte sentir como un dios.

Sí, cuando te abstienes de porno, te perderás todo esto. Esa es la mala noticia.

La buena noticia

Sin embargo, la buena noticia es que si limitas el sexo al lecho matrimonial, llegarás mucho más lejos de lo que hubieras podido llegar jamás con el porno. Puede que no tengas un encuentro sexual novedoso cada vez que hagas el amor con tu cónyuge, pero tendrás la profunda tranquilidad en la seguridad duradera y el conocimiento íntimo que ofrece el sexo matrimonial. Puede que no tengas acceso a múltiples parejas de diferentes formas y tamaños, pero tendrás acceso constante a una pareja que verdaderamente te conoce, te acepta y te ama tal como eres. Puede que no sientas la descarga de adrenalina que acompaña el porno, pero tendrás antes, durante y después del sexo un sentido de paz libre de toda culpa, vergüenza y temor. Puede que no tengas la libertad de abandonar a tu cónyuge después de tener sexo, pero tendrás la seguridad de saber que tu cónyuge tampoco te abandonará. Puede que no te sientas como un dios, pero experimentarás el amor de Dios y honrarás a tu cónyuge al tener sexo. Esas son las buenas noticias.

¿Y si eres soltero?

¿Qué sucede cuando, al igual que Alexandra, eres un cristiano soltero comprometido con el celibato? ¿Hay también buenas noticias en ese caso? Sí. La buena noticia es que la vida de soltería y celibato, que se asume de la manera correcta, puede ser aun más rica que la vida casada con sexo. ¿Por qué? Una persona soltera tiene más tiempo y libertad para invertir en Cristo (1 Corintios 7:7-8, 32-24). Y Cristo es mejor que el sexo. Muchísimo mejor.

El sexo ofrece placer, pero Cristo ofrece un gozo que penetra el alma. El sexo ofrece intimidad romántica con una pareja, pero Cristo ofrece unión espiritual con el Dios del universo. El sexo ofrece alivio del estrés, pero Cristo ofrece paz que sobrepasa todo entendimiento. El sexo es hermoso, pero Cristo es infinitamente más hermoso. ¿Has oído la frase "(tal o cual cosa) es mejor que el sexo?". Pues bien, Cristo es mejor que el sexo. Y ser soltero significa que tienes más tiempo para Él.

Otra buena noticia

Todavía hay otra buena noticia. Y nos concierne a *todos* nosotros, seamos casados o solteros. La buena noticia es que *tu vida sexual empañada no te define.*

Si has bebido el agua salada del sexo, y todos lo hemos hecho, hay esperanza. Cristo ofrece perdón para todas tus faltas de tipo sexual. El sexo ocasional. Tus atracones de porno. Todo pecado sexual que hayas cometido jamás. *Perdonado.* Sin culpa. Sin vergüenza. Sin condenación. Él borra tus faltas sexuales; Él las arroja tan lejos como está el oriente del occidente (Salmo 103:12).

No obstante, hay dos condiciones. Primero, debes confesar tu pecado sexual a Dios. 1 Juan 1 dice:

> Si decimos que no tenemos pecado, nos engañamos a nosotros mismos, y la verdad no está en nosotros. Si confesamos nuestros pecados, él es fiel y justo para perdonar

> nuestros pecados, y limpiarnos de toda maldad (1 Juan 1:8-9).

Segundo, debes comprometerte a cambiar. Colosenses 3 dice:

> Haced morir, pues, lo terrenal en vosotros: fornicación [*porneia*], impureza, pasiones desordenadas, malos deseos y avaricia, que es idolatría (Colosenses 3:5).

Debemos hacer morir nuestro pecado sexual. Debemos pelear con violencia contra la tentación sexual echando mano del Espíritu de Dios, la Biblia y otros cristianos como nuestras armas. Debemos reemplazar nuestros afectos por el porno con afecto por Jesús.

¿Suena demasiado difícil? ¿Parece poco realista sabiendo cuán a menudo y con cuánta facilidad se mete *porneia* en tu mente? Entonces aférrate a esta promesa de Dios:

> No os ha sobrevenido ninguna tentación que no sea humana; pero fiel es Dios, que no os dejará ser tentados más de lo que podéis resistir, sino que dará también juntamente con la tentación la salida, para que podáis soportar (1 Corintios 10:13).

Debemos escupir el agua salada del sexo y beber el agua viva. Y Dios promete que nos ayudará a hacerlo.

¿Vas a hacerlo?

10. CONTROL

Gana Trump.

Este fue el titular del *New York Times* la mañana que escribí este capítulo. Donald Trump acababa de ser elegido como el 45.º presidente de los Estados Unidos. La noticia era sorprendente. En todo el país y en el mundo había estupefacción. Definitivamente lo mismo sucedió en el apartamento de Bryan, mi hermano gemelo.

Hablé con Bryan, que es consejero financiero para una prestigiosa firma de inversiones, el miércoles por la mañana. ¿Cuál fue su reacción frente a la noticia? *Pánico.* ¿Por qué? No fue porque le importara la política. Tenía pánico por una razón, algo que tenía que ver con negocios.

Tenía miedo de perder clientes.

¿Cuál era su lógica? Trump, al igual que cualquier presidente nuevo, significaba incertidumbre para los Estados Unidos y eso produciría un colapso en los mercados de bolsa. Y si los mercados de bolsa colapsaran, sus clientes perderían dinero y culparían a Bryan. Si perdían suficiente dinero, prescindirían de Bryan y buscarían a otro consejero financiero.

Sin embargo, ¿qué estaba a la raíz del pánico de Bryan aquella mañana? Sentía pánico porque su vida se sentía fuera de control.

No podía controlar el futuro. No podía controlar los mercados. No podía controlar las reacciones de sus clientes frente a los mercados. No podía controlar si se quedaran con él o buscaran a otro consejero financiero. No podía controlar *nada.* Y esto lo llevó al pánico.

Dicho de otra manera, Bryan estaba bebiendo agua salada aquella mañana, el agua salada del control. Y si alguna vez te has preocupado como Bryan, por *alguna cosa,* has bebido lo mismo. Yo tomo sorbos todo el tiempo.

DIOS: Salvación mediante el control

Es difícil discernir cuándo tomamos sorbos del agua salada del control. Como sucedió con Bryan, un ídolo más evidente, que en su caso es su negocio, esconde con frecuencia el ídolo más escondido del control.

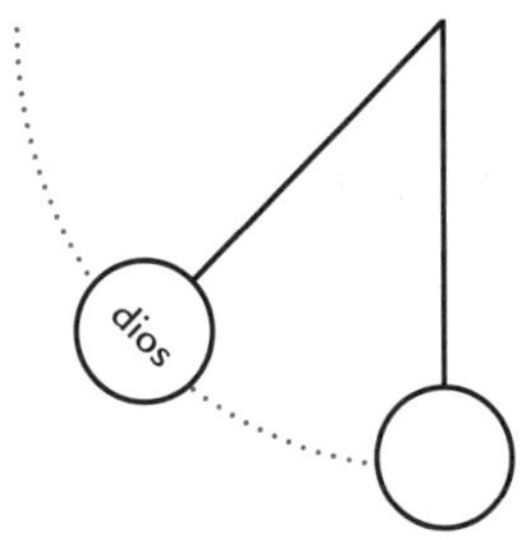

Permíteme citar algunos ejemplos. Roberto lucha con un desorden obsesivo compulsivo y pasa seis horas al día, *todos* los días, limpiando su estudio. Su ídolo evidente, la limpieza, esconde su ídolo de base, el control de su espacio vital. Susana pasa cada minuto de su tiempo libre buscando obsesivamente a su futuro esposo en los sitios web de citas amorosas. Su ídolo evidente, el matrimonio, esconde su ídolo de base, el control sobre su futuro. Juan hace ejercicio tres horas al día, siete días a la semana, y se siente ansioso cuando no puede ir al gimnasio. Su ídolo evidente, el mantenimiento físico, esconde su ídolo de base, el control sobre su cuerpo.

Con frecuencia, quienes adoran el control adoran un dios evidente aparte del control. Pero si se indaga lo suficiente, el control está en el centro de su idolatría.

Veamos el caso de una mujer cuyo ídolo evidente, *la maternidad*, ocultaba su ídolo de base, el control sobre cómo y cuándo esto había de suceder.

Sara

En Génesis 11 encontramos a Sarai, quien más adelante se llamó Sara. Fue la esposa de Abram, quien más adelante se llamó Abraham. En Génesis 12, Dios dice esto a Abraham:

> Pero Jehová había dicho a Abram: Vete de tu tierra y de tu parentela, y de la casa de tu padre, a la tierra que te mostraré. Y haré de ti una nación grande, y te bendeciré, y engrandeceré tu nombre, y serás bendición. Bendeciré a los que te bendijeren, y a los que te maldijeren maldeciré; y serán benditas en ti todas las familias de la tierra (Génesis 12:1-3).

En otras palabras, Dios tenía grandes planes para Abraham. El mundo entero sería bendecido por medio de él. El ingrediente necesario para el cumplimiento de este plan es una descendencia. Tener muchos, muchos descendientes. En ese momento no tenían ni uno solo, pero Dios deja claro que no tienen nada de qué preocuparse. En el siguiente capítulo dice Dios a Abraham:

> Y haré tu descendencia como el polvo de la tierra; que si alguno puede contar el polvo de la tierra, también tu descendencia será contada (Génesis 13:16).

El único problema es que Dios nunca le dice a Abraham cuándo va a suceder esto. Hacia el final del capítulo 16, Abraham tiene unos 85 años y Sara alrededor de 75, y todavía no tienen hijos.

De modo que Sara toma el asunto en sus propias manos. Toma

un sorbo de agua salada, le dice a Abraham que se acueste con su sierva Agar, y que trate de formar una familia por medio de ella (al parecer esto era aceptable socialmente en aquella época). Abraham accede y tiene relaciones sexuales con Agar. Agar queda embarazada y Sara obtiene lo que quiere; puede empezar una familia al considerar el bebé de Agar como suyo propio. Problema resuelto.

Sí, cómo no.

Como suele suceder, un sorbo de agua salada solo acarrea problemas a quien lo bebe.

La resaca

Después de tomar el agua salada del control, Sara sufre un terrible síntoma de resaca: una serie de relaciones rotas.

Primero, Agar se vuelve su enemiga. Tan pronto como Agar concibe, se resiente contra Sara (v. 4). Supongo que yo me sentiría igual si me hubieran obligado a tener un bebé y a entregarlo a mi jefe de por vida.

Segundo, Sara y Abraham entran en conflicto (v. 5). Ella tiene la desfachatez de culparlo a *él* por el resentimiento de Agar, como si el intercambio adúltero hubiera sido idea de él. Abraham ignora con indiferencia el intento de Sara de culparlo y le dice que se encargue de Agar. Y ella lo hace. Maltratándola.

Por último, está la división tácita entre Sara y Dios. Al adorar a un dios falso le resulta imposible adorar al Dios verdadero. Así es como funciona la idolatría. El agua salada y el agua viva no se entremezclan.

¿Qué hace Dios frente a eso? ¿Cuál es su respuesta frente a la idolatría de Sara? ¿La castiga?

No. Le manifiesta su gracia. Le *reitera* la promesa de que tendrá un hijo propio (Génesis 17:16). Dios cumple su promesa en el capítulo 21 cuando Sara da a luz a Isaac. *A los 90 años.* Aun así, Dios cumple sus promesas a Abraham. Y a pesar de todo lo hace por medio de Sara. No obstante, lo hace a su manera y en su tiempo.

La lección

> Muchos pensamientos hay en el corazón del hombre; mas el consejo de Jehová permanecerá (Proverbios 19:21).

Sara pensó que su plan iba a funcionar. Pensó que podía planear un bebé en sus propios términos y que todo iba a salir bien. Pensó que podía arrebatar el control de las manos de Dios y tomar las riendas. Pero sin importar cuántos sorbos de agua salada tomó, aún así el plan de Dios prevaleció. Él hizo lo que dispuso hacer. Él estaba al mando, no ella.

Lo mismo es cierto para nosotros. Puede que *pensemos* que podemos dictar nuestros destinos. Puede que *pensemos* que podemos gestionar nuestros futuros hasta el mínimo detalle y arrebatarle a Dios el control. Pero no podemos. Él dirige todo.

Desiste. Escupe el agua salada del control. En realidad no merece la pena beberla.

BASURA: Salvación mediante el caos

¿Cómo puede manifestarse la demonización del control, inclinar el péndulo en la dirección opuesta y adorar al dios del caos?

Veamos el caso de Santiago.

Santiago

Conocí a Santiago, un adicto a la cocaína en recuperación, en la Boston Rescue Mission. Era un residente nervioso de edad mediana en el programa de recuperación a largo plazo de la misión. Cuando me presentaron a Santiago, llevaba solo dos semanas viviendo allí. Congeniamos de inmediato. Él asistía a mis estudios bíblicos semanales. Me preguntaba acerca del cristianismo. Me pedía consejo profesional y personal. Si Santiago tenía una pregunta, yo era el hombre a quien acudía. En poco tiempo nos volvimos muy buenos amigos.

Durante dos meses, a Santiago le fue muy bien en la misión. Nunca faltaba a sus tareas. Asistía a terapia grupal cada tarde. Iba a la iglesia cada noche. Por primera vez en cinco años, no consumió drogas durante 60 días. La vida de Santiago estaba dando un vuelco.

Hasta que una noche tomó un permiso de dos horas y no regresó.

El equipo de la misión estaba desconcertado. De todos los residentes, la trayectoria de Santiago parecía la más prometedora. Muchos predijeron incluso que formaría parte del equipo de la misión después de graduarse del programa. ¿Por qué abandonaría todo? ¿Por qué regresaría a las calles? ¿Por qué volvería al estilo de vida destructivo y sin salida de un drogadicto?

Lo descubrí un mes después cuando Santiago regresó a la misión para volver a intentar recuperarse. Vino a mí directamente y me contó el motivo de su abandono. "Steve" —dijo—, "tienes que saber algo acerca de mí. Soy un desastre. Eso es lo que soy. Era un desastre en la secundaria, fui un desastre en la universidad, y ahora soy un desastre como adulto. Estoy acostumbrado a que las cosas estén fuera de control, a que todo sea un lío. Estoy acostumbrado a la tragedia. Estoy acostumbrado a meterme en peleas. Estoy acostumbrado a ser adicto a la cocaína. Estoy acostumbrado a *no* tener control sobre mi vida. Es el único mundo que conozco. Y por desastroso que suene, estoy cómodo con ello. Así que cuando vine a la misión y empecé a organizar mi vida, me sentí incómodo. No estaba acostumbrado al éxito, al progreso, al elogio... a nada de eso. Sentí que estaba en un país extranjero y que no debía estar allí. Así que huí".

Para Santiago, la misión representaba previsibilidad, seguridad, orden, protección. Representaba control. Podría darse por hecho que eso era bueno. Pero no para Santiago. Él quería caos. Y lo encontró como drogadicto. ¿Cuál es la ironía? Que en su búsqueda de caos en realidad estaba controlando su mundo. Él nada más estaba asegurándose de que las cosas estuvieran fuera de control.

¿Qué pasó con Santiago? En su segundo intento logró progresar aún más en el programa. Logró quedar limpio. Logró recuperar la salud. Superó once de los doce pasos del programa. Y entonces volvió a sentir pánico. Y huyó de nuevo a las calles.

Esta vez nunca regresó.

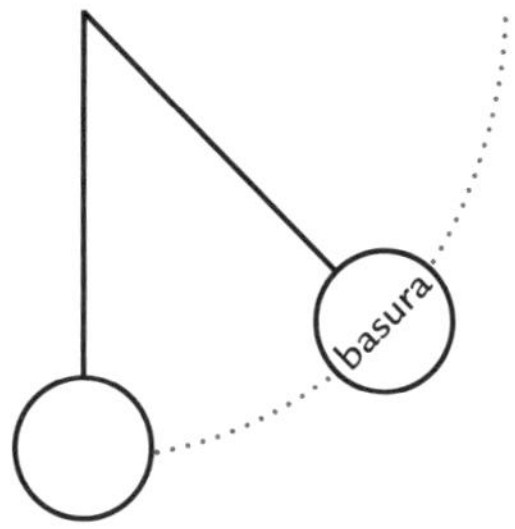

¿Y tú?

¿Y qué de *ti*? ¿Cómo adoras al dios del caos? En cada persona puede manifestarse de forma muy diferente. Quizá estás involucrado en una relación romántica perjudicial y rehúsas abandonarla porque te atrae la emoción y la imprevisibilidad que provee. Quizá eres una mamá que solo se siente valiosa si tiene una agenda tan saturada que no puedes pensar bien. Tal vez eres adicto a las apuestas y a la incertidumbre, la ansiedad y la emoción que producen. Tal vez eres un alcohólico que simplemente disfrutas al perder el control de tu cuerpo y tu mente. En todos estos casos se adora a un dios extraño: el dios del caos. Para muchas personas esto resulta espantoso. *Detestan* perder el control sobre sus vidas. Pero, para algunas, es como estar en casa.

REGALO: El regalo del control

A estas alturas quizá pienses que te estoy enviando un mensaje contradictorio. Digo que en última instancia no tienes el control sobre tu vida, sino Dios. Mira a Sara. Mira Proverbios 19:21. Al mismo tiempo, la historia de Santiago evidencia que *debemos* tomar el control sobre nuestras vidas. Entonces, ¿al fin qué?

Las dos cosas...

Ya lo tienes

Dios hace una osada declaración acerca de las personas y el control en el primer capítulo de la Biblia. Hacia el final de la historia de la creación, Él dice lo siguiente:

> Hagamos al hombre a nuestra imagen, conforme a nuestra semejanza; y señoree en los peces del mar, en las aves de los cielos, en las bestias, en toda la tierra, y en todo animal que se arrastra sobre la tierra (Génesis 1:26).

Entonces crea a los seres humanos, los bendice y les ordena "llenad la tierra, y sojuzgadla" (v. 28). Dios ha diseñado de manera estratégica a las personas para que controlen su mundo, para "señorearlo" y "sojuzgarlo". Hasta el más pequeño animal que se arrastra.

Y si leemos el resto de la Biblia, queda bastante claro que también debemos tomar el control sobre *nuestras* vidas. Cada mandamiento de Dios es Él diciéndonos que controlemos nuestras acciones, palabras, pensamientos, decisiones y motivos para que le amemos a Él y a los demás también. Incluso uno de los frutos del Espíritu es, como sabes, el dominio propio o el *autocontrol* (Gálatas 5:23). Es algo muy bueno y es un regalo de Dios.

Debemos tomar el control del mundo que nos rodea y de nosotros mismos. Es nuestra responsabilidad y nuestro privilegio como seres humanos creados a imagen de Dios.

Pero Él lo TIENE

Simplemente no tenemos el control *absoluto.* Sobre nada. Dios tiene la última palabra en todo. Él controla cuántos días vives y cuántos hijos tienes. Él controla cuándo tu cabello se vuelve blanco y cuándo se cae. Él controla si te enfermas y si te recuperas. Él controla cuánto dinero haces y cuántos ascensos recibes. Él controla si hace calor, frío, si está soleado, nublado, lluvioso o cae nieve mañana. Él da vida y la quita. Él está a cargo de todo. Nosotros no.

Getsemaní

Entonces, ¿en qué quedamos? ¿Cómo vivimos en un mundo en el que tenemos control, pero Dios TIENE el control?

No te puedo dar una respuesta única, pero puedo guiarte a una escena en el huerto de Getsemaní que relata el Evangelio de Mateo. Jesús está a punto de ser entregado a los romanos para ser crucificado. Y Él lo sabe. Está a punto de ser torturado, azotado, flagelado, golpeado, burlado, desnudado y clavado a una cruz. Está a punto de morir. Peor aún, está a punto de ser separado de su Padre. Está a punto de experimentar la forma más profunda de angustia posible, la separación espiritual de Dios.

¿Cómo responde?

Con un alma triste hasta la muerte (Mateo 26:38), son sus propias palabras cuando ora. Se postra sobre su rostro y dice:

> Padre mío, si es posible, pase de mí esta copa; pero no sea como yo quiero, sino como tú (Mateo 26:39).

Jesús toma el control pidiéndole a Dios que lo libre del sufrimiento que le espera. Hace un clamor osado clamando misericordia. Pero luego pone inmediatamente el control donde pertenece, en las manos de Dios. Ora no porque su voluntad sino porque la voluntad del Padre prevalezca. Rinde su vida a Dios, se somete a sus planes y acepta el resultado final.

No, no hay una fórmula única para determinar en la vida cuándo tomar el control y cuándo entregarlo. Sin embargo, hay una posición que *siempre* podemos tomar, la actitud de Jesús en el huerto de Getsemaní, que en oración y con manos abiertas declara "no se haga como yo quiero, sino como tú".

Lo que verdaderamente prueba si estás bebiendo el agua salada del control es lo siguiente: ¿Puedes hacer esa misma oración? ¿Puedes decir con confianza "no se haga como yo quiero, sino como tú"?

Permíteme invitarte a hacerlo ahora mismo.

11. COMODIDAD

"Soy feliz, Ahren. Soy una princesa. Tengo todo".
"Creo que confundes la comodidad con el gozo".
Kiera Cass, *La heredera*

Once semanas. Doce estudiantes universitarios. Treinta y cinco grados centígrados. Un apartamento de una sola habitación sin aire acondicionado en el vecindario más peligroso de Chicago.

Ese fue mi verano de 2002. Doce jóvenes participamos en un programa conocido como Chicago Urban Project (CUP). El objetivo era vivir la experiencia del vecindario de Austin en Chicago, un lugar infestado de pandillas, trabajar con una iglesia local y servir a la comunidad en dificultades. Organizamos actividades durante el día. Organizamos brigadas de alimentación. Atendimos niños del vecindario para proveerles comidas y películas en la noche. Era la oportunidad de mi vida.

Y yo detesté cada segundo de ella.

¿Por qué? Porque fueron las once semanas más incómodas de mi vida. Dormí en una piscina de sudor. Compartí el baño con cuatro hombres y siete mujeres. Tuve que comer alimentos poco saludables y baratos que preparaba una docena de cocineros aficionados. Lo peor de todo, para enseñarnos a vivir como misioneros, el CUP no nos permitió salir del vecindario. No podía caminar más allá de un radio de cuatro manzanas. No podía explorar la ciudad. No podía visitar a mis amigos, mi familia ni mi novia. Mi vida no me pertenecía. Era esclavo de las restricciones del CUP.

¿Cómo reaccioné? Me rebelé. Rompí regla tras regla a espaldas de mi equipo. Me escapaba durante el tiempo libre para correr junto al lago Michigan. Cada domingo por la mañana conducía el auto alrededor de la ciudad y le decía al equipo que estaba asistiendo a una iglesia católica del vecindario (nadie era católico, de modo que no temía ser descubierto). Invité a mi novia a pasar un fin de semana con nosotros sin pedir permiso, una iniciativa que lógicamente molestó al equipo. Quizá lo peor de todo es que todo el tiempo yo estaba amargado, hostil y resentido contra mis compañeros. Era joven, inmaduro y carecía de la experiencia para soportar los desafíos del CUP. Eso era evidente, por dentro y por fuera.

En retrospectiva, veo ese verano como un fracaso vergonzoso. ¿Por qué? Porque lo pasé bebiendo agua salada, el agua salada de la *comodidad.* Sorbo tras sorbo, mi corazón se endureció, mi capacidad para amar a otros disminuyó, y mis relaciones con mis compañeros se rompió. El verano fue un desastre. Todo porque yo estaba adorando al dios de la comodidad.

DIOS: Salvación mediante el confort

Hay bebedores del agua salada del confort por todas partes en la cultura actual. Algunos gastan el dinero que no tienen para comprar autos, ropa, casas, bolsos, viajes, baratijas, máquinas, masajes, todo para sentirse más cómodos. Algunos duermen la mañana del domingo porque sus camas son más cómodas que los bancos de la iglesia. Algunos evitan las conversaciones difíciles pero necesarias porque les incomoda el conflicto. Algunos evitan el voluntariado eficaz porque está fuera de su zona de confort.

Es difícil encontrar a una persona que no tome sorbos del agua salada de la comodidad. Yo lo hago todo el tiempo.

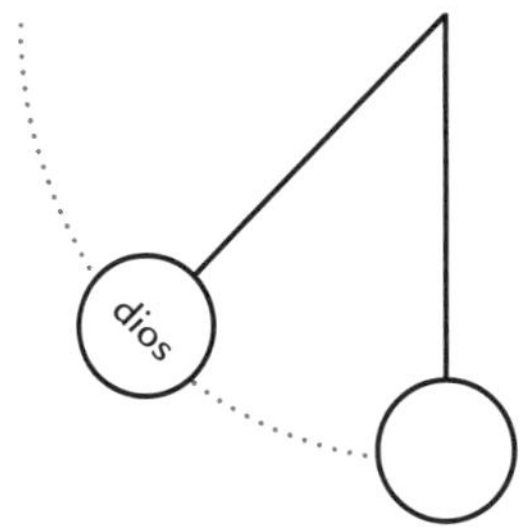

Deja ir a mi pueblo

En el libro de Éxodo vemos una nación entera de bebedores del agua salada de la comodidad, los israelitas. Cuando empieza el libro, están viviendo en Egipto. Durante un tiempo, el pueblo de Dios goza de bienestar, hasta que llega al poder un gobernante cruel que los maltrata y los convierte en esclavos. Y viven como esclavos durante varios siglos.

Al fin Dios interviene. Quiere liberar a los israelitas. Se aparece en una zarza en llamas a un hombre llamado Moisés a quien transmite este mensaje:

> Bien he visto la aflicción de mi pueblo que está en Egipto, y he oído su clamor a causa de sus exactores; pues he conocido sus angustias, y he descendido para librarlos de mano de los egipcios, y sacarlos de aquella tierra a una tierra buena y ancha, a tierra que fluye leche y miel (Éxodo 3:7-8).

Dios promete liberar a Israel de sus cadenas egipcias. Envía una serie de diez plagas contra los egipcios para presionarlos a que liberen a los israelitas. Convierte el Nilo, su principal fuente de agua, en sangre. Cubre el territorio egipcio con ranas. Llena la tierra de piojos. Llena de moscas las casas egipcias. Mata el ganado del país. Hace salir úlceras en los egipcios. Envía una gran tormenta de granizo. Cubre con langostas todo el país, las cuales devoran las plantas. Hunde en absoluta oscuridad la nación durante tres días. Mata incluso a los hijos primogénitos de todos los egipcios.

Al final, el endurecido rey egipcio no puede soportarlo más. Deja ir al pueblo de Dios.

Por un segundo.

Casi inmediatamente después de la liberación de los israelitas, el faraón lamenta su decisión y los persigue hacia el Mar Rojo. Pero Dios contraataca. Divide el mar, abre camino para que los israelitas crucen hasta la otra orilla y en seguida desata el agua de tal modo que todos los egipcios se ahogan.

¡Los israelitas son libres! ¿Cómo responden?

Quejándose.

La risa se vuelve queja

Al principio, los israelitas estaban dichosos por su libertad. ¡Un nuevo comienzo para la nación de Israel! ¡Qué maravilla!

Sin embargo, justo después de que cruzaron el Mar Rojo, su gozo se desvaneció. ¿Por qué? Sus vidas se volvieron incómodas. Primero, están sedientos y su única fuente de agua es amarga. Entonces se quejan contra Moisés, quien, por su parte, clama a Dios. Y Dios en su gracia transforma el agua para que puedan beberla (Éxodo 15:22-25).

Un mes y medio después, tienen hambre. De modo que vuelven a quejarse contra Moisés:

> Ojalá hubiéramos muerto por mano de Jehová en la tierra de Egipto, cuando nos sentábamos a las ollas de carne, cuando comíamos pan hasta saciarnos; pues nos habéis sacado a este desierto para matar de hambre a toda esta multitud (Éxodo 16:3).

Una vez más, Dios responde a sus quejas con gracia. Los alimenta. Les promete una porción diaria de maná, una sustancia similar al pan con un sabor dulce como la miel. Podría pensarse que estarían agradecidos por la comida. No. Querían una comida con mejor sabor. Más sabrosa. Comida *reconfortante.*

De modo que vuelven a quejarse contra Moisés:

> ¡Quién nos diera a comer carne! Nos acordamos del pescado que comíamos en Egipto de balde, de los pepinos, los melones, los puerros, las cebollas y los ajos; y ahora nuestra alma se seca; pues nada sino este maná ven nuestros ojos (Números 11:4-6).

Así que Dios les da carne. Cubre la tierra con 90 centímetros de codornices que podían divisar hasta un día de camino de distancia en cualquier dirección. No, esta no es una señal de que está contento con los israelitas. A estas alturas está enfurecido por su exigencia irreverente de comodidad terrenal. De hecho, está tan enojado que antes de que pudieran masticar la codorniz, los hiere con una plaga muy grande (Números 11:33).

Huir del confort

Aunque esta historia nos enseña muchas lecciones, me gustaría enfocarme en una: Buscar la comodidad duradera aparte de Dios *es un esfuerzo inútil.*

Los israelitas no pudieron encontrar confort duradero en Egipto. No pudieron encontrarlo en el desierto. No pudieron encontrarlo en el agua. Ni en el maná. No iban a encontrarlo en el pescado, los pepinos, los melones, los puerros, las cebollas ni los ajos. Nunca iban a hallar confort duradero aparte de Dios.

Y nosotros tampoco. Podemos mudarnos de apartamentos a casas, y de allí a mansiones lujosas, pero no encontraremos confort duradero en nuestras casas. Podemos cambiar nuestras bicicletas por autos usados, y estos por autos nuevos y luego autos de *lujo*, pero no hallaremos confort duradero en manejar esos vehículos. Podemos pasar de hoteles de tres a cuatro a cinco estrellas, pero no hallaremos confort duradero en nuestras vacaciones. No lo encontraremos en nuestras camas, sofás ni sillones reclinables. No lo encontraremos en nuestros teléfonos, tabletas ni computadoras. No lo encontraremos en lociones, flores ni chocolates. *Nada* en este mundo va a proveer un confort que perdura. Nada.

Todo ello no es más que agua salada.

BASURA: Salvación mediante el sufrimiento

Es fácil beber el agua salada de la comodidad, adorarla como un dios. La mayoría lo hacemos. Sin embargo, ¿cómo se manifiesta su demonización? ¿Cómo se idolatra la *incomodidad*? ¿La glorificación del dolor? ¿Cómo se bebe el agua salada del sufrimiento?

Una breve lección histórica nos los revela.

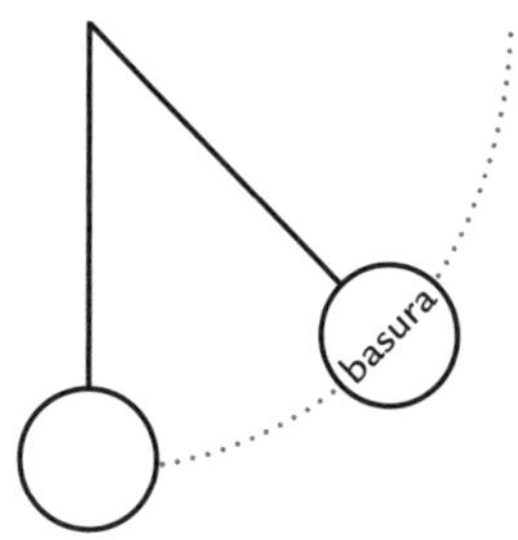

Martín Lutero, el monje que se mortificaba

Martín Lutero, reconocido por su fama como el padre de la reforma protestante, también fue célebre por beber tragos del agua salada del *sufrimiento.*

Veamos lo que cuenta la historia. En 1505, a la edad de 21 años, Lutero iba de viaje a caballo hacia la universidad cuando se desató una tormenta. Después de que un rayo cayera cerca de sus pies, quedó aterrorizado. De modo que en ese preciso instante y en ese lugar hizo un voto. Prometió que si Dios lo guardaba con vida, él consagraría su vida a Él. Se convertiría en monje.

Dios cumplió su parte del trato. Dos semanas más tarde, Lutero cumplió la suya. Ingresó en un monasterio y empezó una vida de devoción religiosa.

Estando en el monasterio, Lutero desarrollo una obsesión. No podía dejar de pensar acerca de su pecado. Específicamente, no podía dejar de pensar acerca del juicio divino que le esperaba después de morir. Para contrarrestar su obsesión, se dedicó a la mortificación rigurosa. Trabajaba hasta caer exhausto. Aguantaba hambre. Congelaba su cuerpo en la nieve. Se golpeaba hasta perder el conocimiento. Según el mismo Lutero: "Si algún monje había de ir al cielo en virtud de su vida monacal, ese era yo".

No obstante, un día Lutero tuvo una revelación. Mientras leía el libro de Romanos, se dio cuenta de que no podía ganar su salvación por medio de la mortificación de sí mismo ni la autoflagelación. No podía ganarla con *nada* que él hiciera. Solo podía recibirla creyendo en Jesús, y todo *se debía a la gracia de Dios.* La revelación lo dejó estupefacto. ¿No podía hacer nada para ir al cielo? ¿Los líderes de su iglesia le habían estado mintiendo todo el tiempo? ¿Había estado mintiéndose a sí mismo?

Sí.

Así que el 31 de octubre de 1517, Lutero clavó sus 95 *Tesis* en las puertas de la iglesia del castillo de Wittenberg, declarando, entre otras cosas, que la salvación no podía ganarse, especialmente no mediante el autocastigo. Era un regalo de Dios gratuito para todo el que cree en Cristo.

La medida fue un acto desafiante. Fue el comienzo de la reforma protestante. Fue uno de los momentos más importantes en la historia de la iglesia.

Algunas preguntas para ti

De acuerdo, el caso de Lutero es extremo. Su agua salada de sufrimiento era extremadamente potente. Pero yo diría que muchos de nosotros estamos tomando sorbos de la misma bebida, aunque en una versión más diluida. ¿Cómo sabes si la estás bebiendo? Permíteme hacerte algunas preguntas de prueba.

¿Compensas tus faltas morales negándote algún placer, esperando que eso de alguna manera te haga recto a los ojos de Dios? ¿Te sientes incómodo cuando Dios te bendice con riqueza o cosas buenas? ¿Te enorgulleces de tu sufrimiento? ¿A veces menosprecias a otros que no han sufrido tanto como tú?

Si has respondido afirmativamente a cualquiera de estas preguntas, estás tomando sorbos del agua salada del sufrimiento. Si es así, te invito junto conmigo a escupirla.

REGALO: El regalo del confort

El funeral de mi padre fue el 4 de septiembre de 2015. La ceremonia fue discreta, agradable e íntima. Asistieron principalmente la familia inmediata y los amigos cercanos de mi padre; colegas de trabajo, de asesorías y de Alcohólicos Anónimos. Mi hermana Michelle leyó un poema. Yo leí las Escrituras. Bryan presentó unos elogios. Yo experimenté una combinación extraña de emociones. Lloré. Reí. Sentí una punzada de enojo. Sin embargo, la mayor parte del tiempo solamente oré.

Después de la reunión, tuve la suerte de pasar un poco de tiempo a solas con mi padre. Durante diez minutos me quedé mirándolo y lloré. Allí, delante de mí, estaba un hombre que a todo lo largo de su vida adulta buscó la comodidad y el consuelo. Un hombre que neciamente pensó que podía encontrarlos en el alcohol. Un hombre cuya vida habría sido mucho más rica, saludable e irónicamente más cómoda si simplemente hubiera renunciado a su búsqueda. Y ahora estaba muerto.

Fueron los diez minutos más tristes de mi vida.

Y luego, con lágrimas de dolor corriendo por mis mejillas, vino a mi mente un pasaje de las Escrituras:

> Bendito sea el Dios y Padre de nuestro Señor Jesucristo, Padre de misericordias y Dios de toda consolación, el cual nos consuela en todas nuestras tribulaciones, para que podamos también nosotros consolar a los que están en cualquier tribulación, por medio de la consolación con que nosotros somos consolados por Dios. Porque de la manera que abundan en nosotros las aflicciones de Cristo, así abunda también por el mismo Cristo nuestra consolación (2 Corintios 1:3-5).

Mientras meditaba en estos versículos, justo allí y en ese momento junto al ataúd de mi padre, se secaron mis lágrimas. Ya no estaba triste. Experimenté el consuelo que Pablo describe en este pasaje: El consuelo que mi padre había perseguido toda su vida sin darse cuenta. Consuelo que no es de este mundo. Consuelo no en una sustancia, una experiencia ni una emoción. Consuelo de Cristo. Consuelo *en* Cristo. Nada hice yo para ganarlo. Yo *no podía* hacer nada para ganarlo. Transformó mi dolor en gozo. Me permitió salir del funeral de mi padre con una sonrisa en mi rostro, una sonrisa que regresa cada vez que recuerdo aquel día.

Análisis

No, Dios no está en contra de la comodidad terrenal. Cuando los israelitas clamaron a Él siendo esclavos en Egipto, Él *quería* rescatarlos y llevarlos "a una tierra buena y ancha, a tierra que fluye leche y miel". Y sin importar cuál sea tu versión de "leche y miel", Él no se opone a que la disfrutes. Disfruta tu casa. Disfruta tu auto. Disfruta tus artefactos y aparatos. Disfruta las comodidades de la vida. Son regalos de Dios. Él no se opone a la comodidad terrenal.

No obstante, si lo que buscas es *verdadera* consolación, solo la encontrarás en Jesucristo. No es la misma consolación que sientes cuando tomas un baño caliente, una siesta en el sofá o saboreas una rosquilla. Esta consolación es mejor. Más rica. Más profunda. Penetra el alma, reconforta el corazón y ofrece una sensación duradera de consuelo. No depende de tus circunstancias. No depende de tus condiciones de vida. No depende de tu salud, riqueza ni relaciones. No depende de *nada* que haya en este mundo.

Depende de dos cosas. En primer lugar, depende de lo que sucedió hace más de 2.000 años. Gracias a que Cristo vivió una vida perfecta y sin pecado, y que padeció una muerte infinitamente incómoda en la cruz, nosotros podemos experimentar el consuelo de lo alto en medio de la incomodidad de nuestras vidas aquí abajo.

En segundo lugar, depende de la fe. Es necesario que creas en Cristo y que le entregues tu vida a Él. Debes escupir el agua salada del confort y beber su agua viva.

Así que bebe. Experimenta el consuelo *verdadero*. Y compártelo con otros. Te garantizo que también lo están buscando.

12. AJETREO

17 de abril de 2011.

Fue el día más feliz de mi vida, el día en que me casé con Abby, mi mejor amiga. Nuestra boda fue agradable y poco convencional. En vez de casarnos en una iglesia (sí, aunque yo era pastor), nos casamos un domingo en la mañana en el salón de recepciones de un club de golf.

Mi amigo de la universidad ofició la boda. Mi abuelo de 91 años fue el padrino de bodas. En lugar de una recepción típica con un DJ, un arreglo floral lanzado al aire y la vergonzosa liga que se quita en público, después de la ceremonia organizamos un almuerzo con 50 personas, nuestros amigos y familiares más cercanos. Fue perfecta.

Después de la boda vino la luna de miel en cabo Biscayne, un lugar de vacaciones discreto cerca de la costa de Miami. Los padres de Abby, con generosidad, nos ofrecieron cinco días de estadía en el hotel Ritz Carlton. Ese no era un hotel cualquiera. Eran cinco estrellas de lujos extravagantes: vistas al mar, restaurantes elegantes, un suntuoso *spa*, bañeras de agua caliente labradas en roca natural, campos de tenis, un servicio para estacionar el auto, un equipo de personas listas para atendernos... por mencionar algunos. Fue una oportunidad para celebrar nuestro matrimonio con estilo. Una oportunidad para descansar, relajarse y no hacer nada.

Y yo estuve ansioso todo el tiempo.

¿Por qué?

Estaba experimentando los efectos de la abstinencia de agua salada. Antes de mi llegada al Ritz, yo había estado bebiendo el agua salada del ajetreo durante 15 años. Había estado estudiando, socializando, enseñando, viajando, haciendo ejercicio, entreteniendo, predicando, yendo a fiestas o haciendo *algo* cada hora disponible del día de cada día desde que me había ido a la universidad. *Siempre* estaba ocupado. Claro, había tomado vacaciones aquí y allá, pero por lo general, y deliberadamente, estaban tan llenas de actividad que no podía descansar.

Mis síntomas de abstención empeoraron tanto en la luna de miel que, para sentirme mejor, empecé a leer un artículo académico acerca del bautismo de bebés mientras estaba en la piscina. Fue vergonzoso.

Seis años después, desearía poder decir que soy diferente. Pero no lo soy. Con más frecuencia de lo que quisiera admitir, tomo sorbos, y a veces tragos, del agua salada del ajetreo. De hecho, adivinen dónde estoy escribiendo la guía para este capítulo...

Exactamente, durante mis vacaciones. ¡Uf!

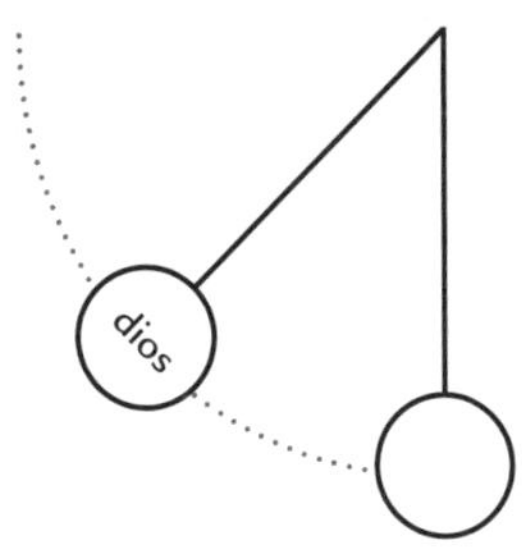

DIOS: Salvación mediante la ocupación

En la acelerada cultura actual enfocada en los logros, siempre hay una razón para estar ocupado. Hay que hacer las tareas. Hay que preparar las comidas. Hay que cumplir con los plazos de trabajo. Hay que limpiar las casas. Hay que escribir los libros que hacen falta. La lista es interminable. *Siempre* hay algo por hacerse. Las fuentes de agua que lanzan el agua salada del ajetreo abundan por todas partes.

Veamos cómo una mujer toma sorbos de esa bebida en la cara misma de Jesús.

Marta

En el capítulo 10 del Evangelio de Lucas, Jesús y su equipo itinerante de discípulos hacen una parada en el pueblo de Betania. Los saluda Marta, una mujer hospitalaria que abre las puertas de su casa para Jesús. Durante su estadía, fiel a su carácter, Jesús empieza a enseñar. María, la hermana de Marta, se siente intrigada, de modo que se sienta a los pies de Jesús y escucha. ¿Qué hace Marta? Se ocupa en varias tareas. El pasaje dice que "se preocupaba con muchos quehaceres" (Lucas 10:40). Cuando se da cuenta de que es la única que está haciendo el trabajo, se enoja. Pero en lugar de regañar a su hermana, regaña a Jesús:

> Señor, ¿no te da cuidado que mi hermana me deje servir sola? Dile, pues que me ayude (Lucas 10:40).

¿Cuál es la respuesta de Jesús?

> Marta, Marta, afanada y turbada estás con muchas cosas. Pero sólo una cosa es necesaria; y María ha escogido la buena parte, la cual no le será quitada (Lucas 10:41-42).

Jesús reprende a Marta por estar ocupada cuando tiene que hacer una sola cosa: descansar a sus pies. Al mismo tiempo, felicita a María por dejar lo que estaba haciendo para enfocarse en lo importante. No es cocinar. No es limpiar. No es ordenar. Es *Él.* Él es importante. Él es lo único que importa en la sala de María y Marta.

Un problema del corazón

Aunque hay más de 100 palabras en la historia de María y Marta, quisiera concentrarme en una. *Afanada.* Jesús dice que Marta estaba "afanada" por muchas cosas en su intento por ofrecerle una estadía agradable. ¿Por qué Marta estaba tan ocupada en un momento en el que debía estar quieta? El origen de su ajetreo no era una lista de tareas pendientes. Nacía de su corazón. Nacía de la preocupación. Yo sospecho que a ella le preocupaba perder la aprobación de Jesús si su hospitalidad no daba la talla.

El ajetreo que no es de Dios, es *siempre*, en esencia, un asunto del corazón. Tanto Daniel como Patricia ilustran lo que quiero decir:

Daniel

Daniel creció en un hogar de bajos recursos en un vecindario conflictivo de las afueras de Nueva Jersey. Desde pequeño, su meta en la vida fue salir de la ciudad y "lograrlo". Estudió día y noche en la secundaria y terminó entre los primeros de su clase. Trabajó igualmente duro en la universidad, consiguió ingresar a una de las mejores escuelas de leyes, y después de graduarse consiguió un empleo en un prestigioso gabinete de abogados en la ciudad de Nueva York. Desde el primer día trabajó de manera obsesiva para convertirse en socio. Después de 15 años de trabajar 90 horas semanales, logró su meta, se convirtió en socio. "Lo logró", ¿no es así? Eso podría pensarse. Pero no Daniel. Ahora quiere llegar a ser un socio *administrativo* (tan alto como sea posible). De modo que su carga de trabajo ha aumentado hasta las 100 horas semanales. Nunca ve a su esposa ni a sus tres hijos. Come las tres comidas diarias en su escritorio. No tiene amigos, ni pasatiempos, ni diversión. *Siempre* está ocupado trabajando. No obstante, la raíz de su ajetreo no es su trabajo. Es su corazón. Un corazón motivado por una sola cosa: el logro. Él quiere "lograrlo".

Patricia

Patricia es una mujer cristiana de 25 años que padece de FOMO (por sus siglas en inglés "Fear Of Missing Out" [Miedo a quedarse fuera]). Siente un miedo constante de que algo genial va a suceder en su ausencia. De modo que jamás rechaza una invitación y su agenda está repleta. Su agenda de actividades sociales está llena de fiestas, citas, cafés, horas felices, noches de películas y cenas semanales de domingo con sus tres mejores amigas. Su agenda de iglesia está llena de reuniones de oración, eventos para solteros, estudios bíblicos, trabajo voluntario y cultos dominicales. También participa en un club de atletismo y en un club de lectura. *Siempre* está ocupada. No porque su agenda se lo exija. Su *corazón* se lo exige. Está lleno de "FOMO".

Siempre hay un problema del corazón detrás del ajetreo enfermizo. ¿Cuál es el tuyo? Quizá te sientas inseguro e insignificante a menos que estés haciendo algo productivo. Quizá permaneces ocupado para distraerte del dolor emocional, social o espiritual en tu vida. Quizá estás ocupado para poder presumir de cuán ocupado estás. Cualquiera sea la razón, si estás tomando sorbos del agua salada del ajetreo, no examines tu lista de tareas. No examines tu agenda. Examina tu corazón.

BASURA: Salvación mediante el descanso

No todo el mundo vive ocupado en exceso. Muchos mueven el péndulo hacia la dirección contraria y rehúyen la ocupación. Adoran a otro dios, el dios del descanso.

Daré dos ejemplos.

Tomás

Tomás es un estudiante de primer año de una universidad privada del medio oeste. Creció en un hogar con mucha presión y una gran expectativa de logro con unos padres dominantes y exigentes. Está viviendo lejos de casa por primera vez. Es su primera oportunidad para tomar un descanso. Su primera oportunidad para respirar. Su primera oportunidad para relajarse sin que sus padres estén detrás diciéndole qué hacer.

Y lo ha llevado al extremo.

Tomás está dedicado a una vida relajada. Duerme hasta el medio día, pasa seis horas diarias en juegos de vídeo y fuma una cantidad considerable de marihuana. Toma una siesta después del almuerzo y de la cena. Salta la mayoría de las clases y hace el esfuerzo mínimo para evitar un periodo de prueba académica. Entró a ser parte de una fraternidad, pero la dejó por las exigencias de tiempo. Dejó de ir a la iglesia. Dejó de hacer ejercicio. Dejó de hacer cualquier cosa productiva. Pasa el 98% de su tiempo en su habitación haciendo una sola cosa: relajarse.

Uno podría no dar importancia al estilo de vida vago de Tomás y considerarlo un típico estudiante universitario de primer año. Yo no lo haría. Más bien diría que está tomando sorbos de agua salada: el agua salada del descanso.

José

José es un asesor financiero de 34 años que trabaja y vive en Chicago. Clara, su esposa, se queda en casa con su hija Catalina, de 10 meses de edad. El trabajo de José es intenso y estresante. Trabaja para un jefe severo que tiene expectativas desproporcionadas. Sus horas de trabajo son excesivas. Sus clientes son exigentes. Su oficina se mueve a toda velocidad. Trabaja como loco.

Espera, ¡yo pensé que esta era la sección acerca de las personas que adoraban al dios del descanso!

Lo es.

Cuando José llega a casa, cambia por completo de modalidad. Cada día de la semana, después de la cena, se retira al sótano como su cueva y allí mira televisión hasta la hora de acostarse. Regresa cada sábado en la mañana y pasa el día entero en Netflix saltando de una película o serie a la siguiente. Va a la iglesia, pero se apresura a regresar a casa para ver juegos de fútbol americano hasta la cena. No cocina. No limpia. No hace compras ni arregla el jardín. Le pidió a Clara que se encargara de las finanzas de la familia. No hace nada por Catalina. Cuando la bebé se despierta llorando en la noche, él se da vuelta y deja que Clara se ocupe de ella. No cambia los pañales ni alimenta a Catalina. Juega con ella solo cuando le antoja hacerlo, pero nada más. Come, duerme y mira televisión cuando está en casa. No hace nada más.

Para colmo de males, José justifica completamente su comportamiento. Después de todo, trabaja muy duro toda la semana. Trae el pan a la casa. Merece su descanso, ¿no es así?

No. Está tomando sorbos de agua salada. El agua salada del descanso.

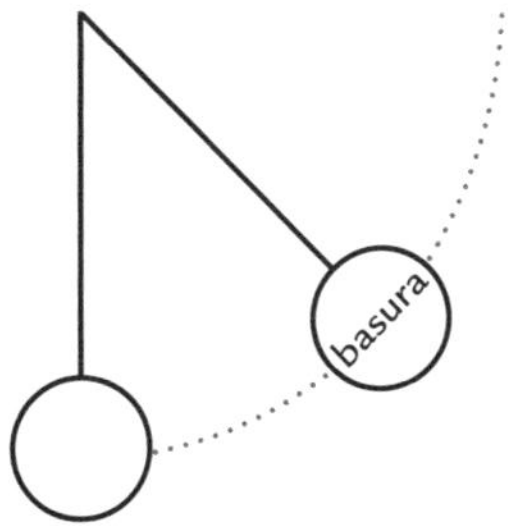

¿Perezoso?

¿Cómo saber si estás tomando la misma bebida de Tomás y José? Si eres perezoso. Tal vez seas perezoso en tu trabajo. Llegas tarde y te vas temprano, o te escapas a prolongadas horas de almuerzo. Tal vez seas perezoso en tu matrimonio. Has dejado de manifestar afecto a tu cónyuge porque el romanticismo requiere demasiado esfuerzo. Tal vez seas perezoso con tu cuerpo. No haces ejercicio porque holgazanear es mucho más cómodo que hacer ejercicio. Tal vez seas perezoso en tu vida espiritual. No lees la Biblia porque es mucho más fácil tomar en tus manos un control remoto que la Palabra de Dios. Si eres perezoso en *cualquier* aspecto de la vida, estás bebiendo el agua salada del descanso.

REGALO: El regalo del ajetreo

Marta, Daniel, Patricia y yo hemos convertido el ajetreo en un dios. Somos hacedores hiperactivos. Tomás y José tratan ese ajetreo como basura. Son perezosos. ¿Cómo evitamos ambas actitudes? ¿Cómo se manifiesta el ajetreo piadoso? Y además, ¿cómo es el descanso piadoso? Empezaré con el ajetreo piadoso.

regalo

El ajetreo piadoso

En el capítulo 12 del Evangelio de Marcos, Jesús discute con un grupo de líderes religiosos, cuando uno intenta probarlo con una pregunta:

> ¿Cuál es el primer mandamiento de todos? (Marcos 12:28).

La respuesta de Jesús fue:

> Amarás al Señor tu Dios con todo tu corazón, y con toda tu alma, y con toda tu mente y con todas tus fuerzas. Este es el principal mandamiento (Marcos 12:30-31).

El mandamiento más importante es amar. Pero ¿qué tiene que ver esto con el ajetreo?

En el mandamiento más grande, Jesús nos dice lo que es el ajetreo piadoso. Se trata de estar ocupados *amando*. Amando a Dios y amando a otros.

Sin embargo, este amor no se trata de sentimientos. No tiene nada que ver con sentir mariposas en nuestro estómago, sensiblerías ni impulsos eróticos. Jesús está describiendo un tipo de amor diferente. La palabra que se traduce "amor" en este pasaje es la palabra griega *agápe*. El amor ágape es un acto de la voluntad independiente de nuestras emociones. Es una manifestación deliberada de benevolencia hacia el objeto del amor, una demostración intencional e incondicional de calidez, caridad, honor y respeto.

¿De qué manera manifestamos a Dios amor ágape? Al menos

de tres maneras. Primero, bebemos su agua viva. Leemos las Escrituras, pasamos tiempo con otros cristianos, oramos, damos con generosidad, le damos alabanza y contamos a otros acerca de Él (ver capítulo 5, página 49). Segundo, le obedecemos (Juan 14:15). Nos sometemos a sus reglas, permitimos que su Palabra nos guíe, y confiamos en que sus caminos son mejores que los nuestros. Tercero, amamos a nuestro prójimo. Cuando amamos a los demás lo amamos a Él indirectamente. Jesús dejó claro que todo lo que hacemos a nuestro prójimo se lo hacemos a Dios (Mateo 25:40).

¿Cómo manifestamos amor ágape hacia nuestro prójimo? Se resume en una sola palabra: *sacrificio*. Sacrificamos nuestro tiempo, nuestra energía y nuestros recursos por el bien de los demás. Practicamos la paciencia, la mansedumbre y la bondad inmerecida aun cuando nuestra carne nos dice lo contrario. Dejamos de fijar nuestros ojos en nosotros mismos y nos enfocamos en los que sufren necesidad. Ofrecemos consuelo, compasión y cuidado a los que sufren. Extendemos gracia hacia nuestros enemigos aun cuando ellos nos devuelven mal a cambio. Consideramos a los demás como mejores que nosotros mismos y vivimos conforme a este principio a diario. Nos sacrificamos de manera desinteresada por el bien de los demás.

¿Qué es el ajetreo piadoso? Estar ocupados amando a Dios y amando a los demás. Estar ocupados obedeciendo el mandamiento más importante. *Ese* es el ajetreo piadoso.

Descanso piadoso

Entonces, ¿cuándo descansamos?

La respuesta breve es: *con frecuencia*. Es bueno descansar. Es bueno relajarse. Es bueno descansar después de un largo día de trabajo, pasar tiempo con tu familia, mirar un poco de televisión familiar y relajarse. Es bueno tomar vacaciones cuando has trabajado demasiado, tomar siestas cuando estás agotado, y pasar de vez en cuando por un *spa* cuando estás demasiado estresado. Es bueno leer un libro cuando necesitas quietud y tranquilidad. Es bueno practicar deportes cuando necesitas una válvula de escape para tu energía. Es bueno hacer cosas *con moderación* que le permitan a tu mente y a tu cuerpo descansar.

Y es *realmente bueno* tomar un día a la semana, usualmente el domingo, y consagrarlo al descanso espiritual. Los cristianos lo llaman un "sabático", un día para no realizar ningún trabajo (sí, ninguno). Un día para asistir a la iglesia. Un día para dedicar tiempo adicional a orar, servir, adorar, leer la Biblia y reunirse deliberadamente con otros cristianos. Un día consagrado a Dios.

Sin embargo, permíteme advertirte algo. No vas a encontrar la forma *más profunda* de descanso en ninguna de las anteriores. No vas a encontrarla acampando desde el sofá, tomando unas vacaciones, durmiendo una siesta, tomando un baño caliente en un *jacuzzi*, leyendo, practicando deportes o incluso pasando un día dedicado a Dios.

Solo vas a encontrarlo en una persona.

En Mateo 11, Jesús nos dice quién es esta persona:

> Venid a mí todos los que estáis trabajados y cargados, y yo os haré descansar. Llevad mi yugo sobre vosotros, y aprended de mí, que soy manso y humilde de corazón; y hallaréis descanso para vuestras almas; porque mi yugo es fácil, y ligera mi carga (Mateo 11:28-30).

El descaso profundo que trae vida y penetra el alma solo puede encontrarse en la persona de Jesucristo. Lo encontrarás cuando vengas a Él y aprendas de Él. Lo encontrarás en su espíritu manso y humilde. Lo encontrarás cuando te desprendas de tus cargas y se las entregues a Él. Lo encontrarás cuando lo aceptes a Él como Señor, Salvador, Rescatador y Redentor.

Solo encontrarás descanso *verdadero* en Jesús. Lo encontrarás cuando escupas tu agua salada y bebas su agua de vida.

Te invito pues a beberla. Y a encontrar descanso para tu alma.

13. GENTE

3 Xanax. 3 Propranolol. 3 Zoloft.

Esa fue la mezcla de medicamentos que tomé antes de mi primer sermón en la ciudad de Nueva York. Xanax es un medicamento contra la ansiedad, que calmó mis nervios de manera similar al alcohol pero sin afectar la capacidad motora. Propranolol es un bloqueador beta que disminuyó el ritmo cardiaco para que yo no me ruborizara ni sudara en exceso. Zoloft es un antidepresivo que había tomado durante diez años para mantener mis emociones impredecibles bajo control. Después de reunirme con mi psiquiatra a comienzos de aquella semana y de contarle acerca de mi temor de sufrir un ataque de pánico en el púlpito, ella me dio la receta médica para el Xanax y el Propranolol además de mi receta acostumbrada de Zoloft. Dijo que podía tomar una pastilla de cada medicamento antes del gran sermón. 1 Xanax. 1 Propranolol. 1 Zoloft. 3 pastillas. Nada más.

En lugar de eso, yo tomé 9.

¿Por qué? ¿Por qué tripliqué mi dosis ese día?

Porque estaba tomando sorbos de agua salada. ¿En qué forma? En forma de gente. Más específicamente, la congregación de aquella mañana. En primera fila estaba sentado Jon Tyson, un orador de talla mundial, brillante pensador y líder innovador, además de ser mi jefe directo. El resto de sillas las ocupaban exitosos neoyorquinos: notorios banqueros inversionistas, actrices de Broadway, profesores universitarios, modelos de pasarela, entre muchos otros personajes de ese nivel.

Para mí, todas las personas que estaban en la iglesia aquella mañana eran impresionantes. Y yo *necesitaba* impresionarlas. Yo necesitaba su aprobación, afirmación y aceptación. Necesitaba que me amaran. Quiero decir que me *amaran*. Necesitaba dejarlos pasmados con un nivel de excelencia en la oratoria sin precedentes. Y yo me convencí a mí mismo de que cuantas más pastillas tomaba, más probable sería lograrlo.

De modo que hice algo que nunca recomendaría... algo que lamento profundamente... algo que pudo haberme matado. Tripliqué la dosis. Me paré en el púlpito, completamente drogado, y prediqué a mis dioses.

Bien podría haberme inclinado delante de ellos.

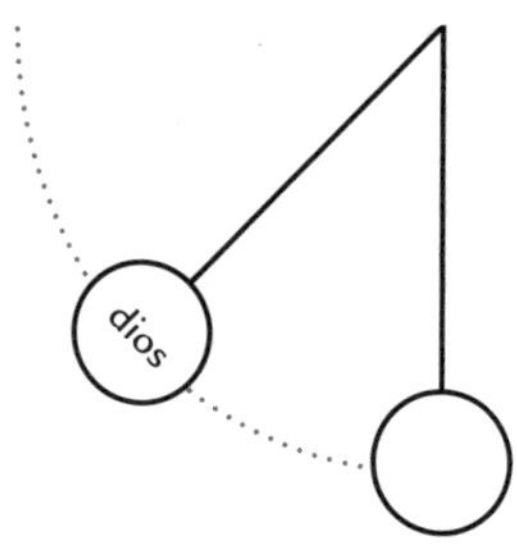

DIOS: Salvación por alguien

Tomar sorbos del agua salada de la gente puede manifestarse de maneras diferentes en cada persona. Tal vez, como yo, tú *necesitas* la aprobación de un individuo o de un grupo y harías cualquier cosa por obtenerla. Tal vez tu vida pierde significado cuando cierta persona ya no está cerca de ti, a causa de una ruptura o de la muerte de alguien. Tal vez basas tu identidad en el hecho de cuidar a alguien, un niño enfermo o un padre anciano, por ejemplo. Sin importar cómo se manifieste, la mayoría de nosotros tomamos sorbos del agua salada de la gente. Es una bebida que goza de mucha popularidad.

Permíteme presentarte a unos hermanos de la Biblia que se atiborraron de ella.

Los hijos de Jacob

En Génesis capítulo 37 encontramos una historia trágica de traición entre hermanos. Jacob, el nieto de Abraham e hijo de Isaac, es padre de doce hijos varones. Su hijo favorito es José. Para demostrar el gran amor que tiene por él, le hace una túnica elegante. Era de esperarse que los otros hermanos no reaccionaran bien:

> Y viendo sus hermanos que su padre lo amaba más que a todos sus hermanos, le aborrecían, y no podían hablarle pacíficamente (Génesis 37:4).

Los hermanos de José lo detestaban por ser el predilecto de su padre.

Para añadir leña al fuego, José tiene un sueño profético y lo cuenta a sus hermanos:

> Oíd ahora este sueño que he soñado: He aquí que atábamos manojos en medio del campo, y he aquí que mi manojo se levantaba y estaba derecho, y que vuestros manojos estaban alrededor y se inclinaban al mío (Génesis 37:6-7).

Luego les relata otro sueño que trata acerca de lo mismo:

> He aquí que he soñado otro sueño, y he aquí que el sol y la luna y once estrellas se inclinaban a mí (Génesis 37:9).

¿Cuál es el mensaje de estos sueños? Que un día José va a reinar sobre su familia.

Como era de esperarse, los sueños de José solo llevaron a sus hermanos a odiarlo más. Así que un día, mientras trabajaban en un campo y vieron que José se acercaba, urdieron un plan:

> He aquí viene el soñador. Ahora pues, venid, y matémosle y echémosle en una cisterna, y diremos: Alguna mala bestia lo devoró; y veremos qué será de sus sueños (Génesis 37:19-20).

Por suerte para José, su hermano Rubén tuvo cargo de conciencia:

> Cuando Rubén oyó esto, lo libró de sus manos, y dijo: No lo matemos. Y les dijo Rubén: No derraméis sangre; echadlo en esta cisterna que está en el desierto, y no pongáis mano en él; por librarlo así de sus manos, para hacerlo volver a su padre (Génesis 37:21-22).

Los hermanos prestaron atención al consejo de Rubén, despojaron a José de su túnica y lo arrojaron a la cisterna. Sin embargo, cuando vieron una caravana de comerciantes extranjeros que iban de camino a Egipto, cambiaron sus planes. En vez de dejar que José se pudriera en la cisterna, lo vendieron como esclavo.

Así fue como José fue llevado a Egipto para pasar el resto de su vida como esclavo. Entre tanto, sus hermanos degollaron un cabrito, tiñeron la túnica con su sangre, y se fueron a casa para contarle a Jacob que un animal había matado a su hijo favorito, con la túnica ensangrentada como prueba de los hechos.

Adoraron al padre equivocado

¿De qué manera bebieron los hermanos de José en esta historia el agua salada de la *gente*? ¿A quién estaban adorando? Estaban adorando a Jacob. Más específicamente, estaban adorando el amor de Jacob. ¿Cómo sabemos esto? Cuando ellos se dieron cuenta de que Jacob amaba más a José que a ellos, se enloquecieron. Se volvieron traficantes de personas *de su propio hermano menor*. Hasta *ese punto* les importaba el amor de Jacob. Si contaban con ese amor estaban bien. Si no tenían ese amor se convertían en bestias.

En lugar de adorar al Padre y descansar en su amor, adoraron a su padre y codiciaron su amor. Bebieron el agua salada de la gente.

¿Cuáles son tus dioses humanos?

¿Y tú? ¿A quién adoras? ¿A quién se aferra tu alma de una manera que es contraria a la voluntad de Dios? ¿A quién le permites que gobierne tu vida? ¿A quién le permites que se apodere de tus pensamientos o que ordene tus acciones? ¿A quién se aferra tu alma?

Tal vez sea tu cónyuge. Tal vez te sientas fuerte, confiado y seguro cuando tu matrimonio marcha bien, pero te derrumbas al mínimo problema en la relación. Tal vez sean tus padres. Ya eres adulto y estás casado, pero todavía sientes la necesidad continua de obedecer todo lo que ellos piden. Tal vez sea tu terapeuta. Lo has visto cada semana durante diez años y no puedes tomar una sola decisión sin su consejo. Tal vez sea tu jefe, tus amigos, tu novio o tu mejor amigo.

Si amas a alguien demasiado, si odias a alguien, o si permites que alguien domine tu corazón, estás tomando sorbos de agua salada, el agua salada de la gente.

BASURA: Salvación por la independencia

La mayoría de nosotros adoramos a alguien. Sin embargo, creo que la mayoría de nosotros también adoramos a "nadie". ¿Qué quiero decir con esto?

El 4 de julio de 1776, el congreso de los Estados Unidos aprobó la Declaración de Independencia. Con ello le comunicó al mundo que los Estados Unidos eran libres del dominio extranjero. Para nosotros, los estadounidenses, esta declaración dejó claro cuáles eran los valores fundamentales de nuestro país: la vida, la libertad y la búsqueda de la felicidad.

Éramos autónomos. Éramos autosuficientes. Éramos nuestros propios dueños. Nadie podía decirnos qué hacer.

Más de 240 años después, estos valores nacionales se han convertido en nuestros valores *personales.* Nuestra vida nos pertenece y nadie puede decirnos qué hacer. Nuestro dinero nos pertenece.

Nuestros cuerpos, nuestros cerebros y nuestras posesiones nos pertenecen. Nosotros elegimos cómo pasar nuestro tiempo y con quién pasamos nuestro tiempo. Vestimos lo que queremos, comemos lo que queremos y dormimos con quien nos place. Somos amos de nuestras vidas, y si alguien no está de acuerdo con eso, es problema suyo. Somos nuestros propios jefes. Nadie puede decirnos qué hacer.

¿Cuál es el tipo de agua salada que estamos tomando a sorbos? Llámalo independencia. Llámalo libertad. Llámalo como quieras. Es lo que ha producido una nación de personas centradas en sí mismas, individualistas, alérgicas al compromiso y solitarias. De esto, Fernando es un ejemplo:

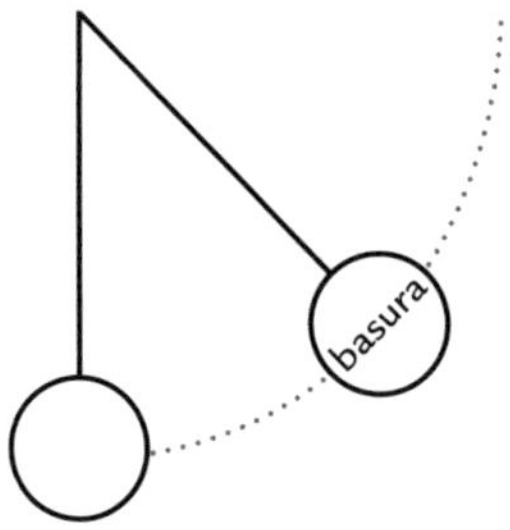

Fernando

Fernando es un asesor financiero de 36 años que vive en el centro de la ciudad de San Francisco. Hace dos años conoció a su alma gemela, Débora. De inmediato se hicieron grandes amigos y han estado juntos desde entonces. Se atraen físicamente. Sus personalidades son compatibles. Conectan espiritualmente, cada uno ama por igual a los padres del otro y congenia con los amigos del otro. Todas las señales y todas las personas apuntan a que la relación se dirige al matrimonio. Fernando sabe que debería lanzar la pregunta para que se case con él. Pero hay un problema.

Está aterrorizado.

La idea de casarse lo aterra. No porque haya un problema con Débora. La idea de casarse con *cualquier mujer* lo aterroriza. ¿Por qué? Porque tan pronto contraiga matrimonio su vida ya no le pertenece. Ya no puede dormir hasta el medio día. Se acaba la dieta de comer pizza cinco noches por semana. Ya no puede dejar el asiento del inodoro en posición vertical. Tiene que dejar de tomar leche directamente de la caja, de tirar platos sucios en el fregadero o de mirar sin parar los deportes en la televisión con sus amigos. Ya no puede hacer lo que le place.

Además, va a estar ligado a *una persona* por el resto de su vida. El. Resto. De. Su. Vida. Se despertará junto a Débora cada mañana y comerá la cena con ella cada noche. Pasará cada día festivo con ella. Celebrará cada cumpleaños con ella. Asistirá a cada boda, fiesta y función familiar con ella. Irán de vacaciones juntos, irán a la iglesia juntos y criarán sus hijos juntos. Según piensa Fernando, van hacer *todo* juntos. Van a estar unidos por la cadera. Y esa posibilidad le produce náuseas.

Fernando sabe que su camino se bifurca. Solo tiene dos opciones con Débora, proponerle matrimonio o romper la relación. Al cabo de dos años ya no es posible seguir saliendo juntos y nada más. Él sabe que ella sería una excelente esposa. Él sabe que probablemente no encontrará alguien mejor. Él es consciente de que no va a ser más joven. Sin embargo, también sabe que no puede apretar el gatillo. Su estómago no se lo permite. Así que está inclinado hacia la opción de disolver la relación. Corrección: Si él es honesto consigo mismo, ya ha tomado la decisión de romper.

¡Ah!, y hay un detalle más que no mencioné. Desde que cumplió 30 años, ha estado en la misma situación no una vez, ni dos, sino tres veces con tres mujeres diferentes. Y todavía es soltero.

REGALO: El regalo de la gente

Yo adoro a las personas. Como los hijos de Jacob. Probablemente igual que tú. Cuando lo hacemos, convertimos a las personas en ídolos. Yo también adoro mi independencia. Al igual que Fernando. Probablemente lo mismo te suceda a ti. Cuando lo hacemos, convertimos a las personas en basura. ¿Existe una manera más saludable y más santa de vivir en un mundo donde hay más de siete billones de personas? ¿Cómo podemos ver a las personas, a *todas* las personas, como regalos de Dios?

¿Quisieras comprar un cuchillo?

Durante mi segundo verano en la universidad, vendí cuchillos Cutco. Llamaba por teléfono a todos los adultos que conocía, me autoinvitaba a sus casas y les hacía una presentación de una hora sobre el prodigioso cuchillo Cutco. Cortaba cuerdas, esculpía figuras en cuero, seccionaba monedas en dos, y sin falta denigraba de todas las demás marcas de cuchillos en el planeta. Al final de cada presentación, les hacía siempre la misma pregunta incómoda: "¿Quisiera comprar este juego de cuchillos de 1.200 dólares?". Una persona, sí, *una* persona, dijo "sí". Todas las demás dijeron "no". Pero casi todas compraron uno o dos cuchillos... sospecho que por lástima. No, estoy seguro de que fue porque sintieron lástima de mí.

¿Cuál era la ventaja de estos cuchillos absurdamente costosos? Que nunca necesitaban ser afilados. Nunca. No tengo ni idea de cómo esto era posible. Pero créeme, yo repetía hasta el cansancio y como un disco rayado la frase: "*Nunca* tendrá que afilar estos cuchillos". Lo repetía hasta el momento en que sacaban sus chequeras y compraban uno.

No somos cuchillos Cutco

Por desdicha, no somos cuchillos Cutco. No tenemos filo, estamos quebrados y oxidados (es decir, somos pecadores y estamos quebrantados). Necesitamos ser afilados. Cada día, sin falta. Y Dios tiene una herramienta principal para afilarnos: *la gente.* Él lo deja claro en el libro de Proverbios:

> El hierro con hierro se afila, y un hombre aguza a otro (Proverbios 27:17, NBLA).

Dios pone gente en nuestras vidas para afilarnos. Él usa a las personas para santificarnos, para transformarnos en la semejanza de aquellos que son imitadores suyos, por dentro y por fuera.

Él nos da cónyuges que sacan a la luz el egoísmo que de otra manera quedaría oculto en la soltería. Nos da hijos para que crezcamos en paciencia, perseverancia y espíritu pacificador. Nos da agresores para mostrarnos cómo amar a nuestros enemigos y orar por quienes nos persiguen (Mateo 5:44). Nos da jefes pésimos para que aprendamos a someternos a la autoridad aun cuando queremos salir corriendo (Romanos 13:1-5). Nos da compañeros de estudio bíblico que son antagonistas y desagradables para impulsarnos a amar a quienes es difícil amar. Nos da al pobre para enseñarnos generosidad y al rico para enseñarnos contentamiento. Nos da pastores para guiarnos a Dios cuando nuestros corazones son duros, nuestras oraciones son escasas y nuestra fe es débil.

Dios pone gente en nuestra vida, tanto aliados como enemigos, para transformarnos en personas que piensan y actúan como Jesús. Para convertirnos en personas que prodigan compasión, calidez, servicio y empatía. Personas que amen no solo a quienes nos aman, sino también a quienes nos odian. Personas que reflejen a la única persona que, como el cuchillo Cutco, nunca necesitó ser afilada.

Todas ellas son regalos

Mi palabra de aliento para ti es: Considera a cada persona en tu vida como un regalo. Considera a las personas buenas, las que te hacen reír, las que te apoyan en tu sufrimiento y te llenan de gozo, como regalos. Pero también considera a las personas malas, las que te hacen llorar, las que te abandonan en el sufrimiento y te producen ansiedad, como regalos.

¿Por qué? Porque ambos tipos de persona han sido plantados por la mano de Dios para cambiarte. Para hacerte mejor. Para hacerte más santo.

Para moldearte conforme a la semejanza de Jesús.

14. COMIDA

Jane Fonda, Lady Gaga, Katie Couric, Fiona Apple, Elton John, Lindsay Lohan, Audrey Hepburn, Janet Jackson, Meredith Vieira, Richard Simmons, Alanis Morissette, Joan Rivers, Paula Abdul, Princesa Diana, Kelly Clarkson, Russell Brand, Sharon Osbourne, Wynonna Judd, Sally Field y Oprah Winfrey.

¿Qué tienen en común estas 20 celebridades? Todas han luchado con desórdenes alimenticios. Y han tenido la valentía de hacer públicas sus luchas.

Así que supongo que yo también debería hacerlo.

Mi relación malsana con la comida fue breve, duró apenas seis meses a principios de mi veintena cuando pastoreaba en Manhattan. Técnicamente no fui un anoréxico. Ni bulímico. No estoy seguro de si los psicólogos catalogarían mis acciones como un verdadero desorden alimenticio. Pero yo sí.

Todo empezó con un ayuno de 40 días. Durante ese ayuno decidí no comer desde el amanecer hasta el anochecer. Puesto que nunca me despertaba antes del amanecer, esto suponía que yo saltaba el desayuno, el almuerzo y los bocadillos. Tan pronto caía el atardecer, podía comer libremente lo que me apetecía. Y vaya si comía. Apenas caía la tarde yo me *atiborraba* de comida. Comía una cena de 2.000 calorías, seguía con dos o tres postres y seguía comiendo bocadillos hasta que ponía mi cabeza sobre la almohada. Realmente no paraba de comer desde el atardecer hasta el momento de acostarme.

Y yo consideraba esto un "ayuno".

Al finalizar los 40 días quedé libre para retomar mi rutina normal de desayuno-almuerzo-bocadillos-cena. Pero no lo hice. ¿Por qué? Porque había quedado encantado con el ritmo de aguantar hambre-atiborrarse-repetir de nuevo. Eso me permitía comer como un rey, al menos en la noche, y no ganar peso puesto que durante el día me privaba de alimento. Podía disfrutar la comida como nunca antes y seguir delgado. Me encantaba.

No obstante, ¿qué fue lo que hice *realmente* durante esos meses? Estaba moviendo el péndulo de la comida de un extremo al otro, cada noche y cada día. En la noche idolatraba la comida, tratándola como un dios. Durante el día demonizaba la comida, tratándola como basura. El péndulo osciló de un lado al otro durante medio año. Traté de manera completamente equivocada un regalo bueno de la gracia de Dios.

Puede ser que tú experimentes algo parecido.

DIOS: Salvación por la comida

Tomar sorbos del agua salada de la comida, o idolatrarla, no significa necesariamente ser un glotón como yo. Puede que ni siquiera implique comer en exceso. Pero cada vez que permitimos que la comida nos controle o nos desvíe de Dios, la convertimos en un dios.

Como sucedió con Esaú...

Esaú

En Génesis 25 encontramos a Esaú, el hijo mellizo de Jacob, hijo de Isaac y nieto de Abraham. Un día, Jacob y Esaú estaban haciendo lo que mejor hacían: Jacob estaba en casa preparando un estofado y Esaú estaba afuera cazando. Cuando Esaú regresa estaba hambriento. Le ruega a Jacob que le comparta su estofado. ¿Cuál fue la respuesta de Jacob?

> Véndeme primero tu primogenitura (Génesis 25:31, NBLA).

¿Qué respondió Esaú?

> Mira, estoy a punto de morir... ¿de qué me sirve, pues, la primogenitura? (Génesis 25:32, NBLA).

De modo que Esaú hace un juramento a Jacob y le vende su primogenitura. Jacob le da la comida y Esaú sale con el estómago lleno. Y sin primogenitura.

Esaú renuncia a su primogenitura por un tazón de estofado. Un. Tazón. De. Estofado. Para entender cuán absurdo es esto, tenemos que entender un poco acerca de la primogenitura de Esaú. En la cultura de Oriente Próximo ser el primogénito revestía una gran importancia. Esaú tiene un rango especial en tanto que hijo mayor de Isaac. Era el principal heredero de la fortuna de su familia, posiblemente en línea de sucesión para recibir el doble de la herencia de Jacob (Deuteronomio 21:17). Además, su familia era muy *acaudalada*. Génesis 13:2 dice que Abraham había llegado a ser "riquísimo en ganado, en plata y en oro". Esta riqueza había pasado a manos de Isaac, y en poco tiempo pasaría a manos de Jacob, y de Esaú, quien recibiría la mayor parte. De modo que, al vender su primogenitura a Jacob, Esaú entrega una gran cantidad de dinero y de bienes.

Sin embargo, la primogenitura reviste un valor especial por otra razón. Incluye un componente *espiritual*. En Génesis 12, Dios había dicho a Abraham:

> Y haré de ti una nación grande, y te bendeciré, y engrandeceré tu nombre, y serás bendición. Bendeciré a los que te bendijeren, y a los que te maldijeren maldeciré; y serán benditas en ti todas las familias de la tierra (Génesis 12:2-3).

Al final del pasaje, "en ti" significa también "por medio de tu linaje familiar". Esto quiere decir que Esaú es el heredero natural para recibir estas bendiciones de Dios. Sería la cabeza de una gran nación bajo la dirección de Dios. Tendría un gran nombre. Bendeciría a otros. De hecho, *el mundo entero* sería bendecido por medio de él.

Esa es la primogenitura de Esaú.

Sin embargo, a Esaú no le importa. Tiene hambre. Lo entrega todo por un mísero tazón de estofado. Al hacerlo, le da una bofetada en la cara a Dios. En ese momento, su estómago vacío es su máxima prioridad. La comida lo controla. Es su dios.

Admito que la historia de Esaú es particular. Las primogenituras son una cosa del pasado y el estofado resulta una extraña divisa en la actualidad. Con todo, la historia de Esaú no pierde relevancia. Él tomó sorbos del agua salada de la comida y en consecuencia perdió sus bendiciones. Y si nosotros tomamos la misma bebida, también vamos a perder bendiciones. Considera por ejemplo a Diego:

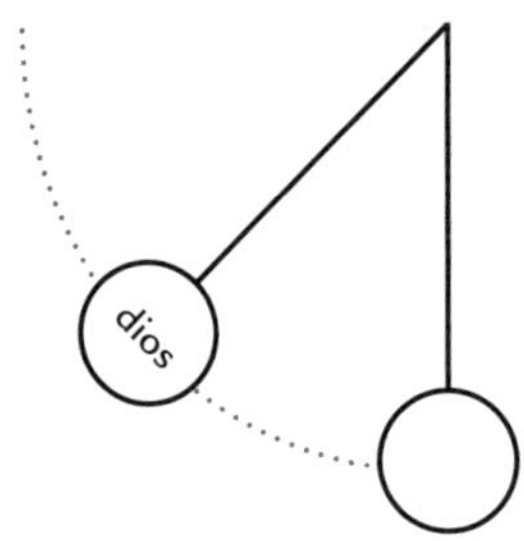

Diego

Diego es un programador de computadora de 37 años que trabaja desde su casa. Es cristiano y asiste a la iglesia cada domingo, pero durante años le ha costado hacer amigos. Pasa la mayor parte de su tiempo aislado en su estudio y es bastante solitario. Para hacer frente a su soledad, hace una cosa. *Come.* No es inusual que coma 7.000 calorías diarias. No resulta extraño que sea obeso. Se avergüenza de su apariencia, razón por la cual se aísla aún más. Come porque está solo. Esta solo porque come. Es un círculo vicioso.

¿A qué bendiciones ha renunciado Diego por tomar sorbos del

agua salada de la comida? ¿Cuál es *su* versión de la primogenitura de Esaú? Ha renunciado a una conciencia limpia. Cada mañana se siente culpable, consciente de que el día anterior comió en exceso. Ha renunciado a su salud. Poco a poco está destruyendo su cuerpo con su glotonería. Ha renunciado a la libertad. Es a todas luces un adicto a la comida, en pleno ciclo de agua salada. Ha renunciado al dinero, porque la mitad de su salario se gasta en comida. Por último, ha renunciado a la santidad. Está viviendo en pecado, tomando sorbos de agua salada diariamente, y él sabe que Dios no está de acuerdo con eso.

Diego tiene que hacer una elección. Puede hacer frente a su soledad comiendo, o puede buscar en Cristo la compañía que necesita. Puede tratar la comida como su amigo, o puede ver a Cristo como un amigo (Juan 15:15), y esforzarse al máximo por hacer amigos en la iglesia. Puede seguir tomando sorbos del agua salada de la comida, o puede escupirla.

Y si estás tomando la misma bebida, tú puedes hacerlo también.

BASURA: Salvación por el hambre

Es bastante común idolatrar la comida, tratarla como un dios. No obstante, también es común demonizar la comida, tratarla como basura. Y cuando lo hacemos, por lo general adoramos otra serie de dioses.

Tomemos a Ana como ejemplo...

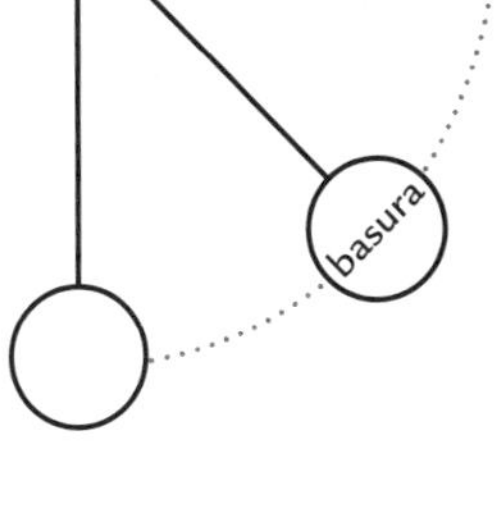

Ana

Ana es hija única, tiene 17 años y vive en un suburbio pudiente de la ciudad de Washington. Sus padres tienen una pésima relación. Su papá, Ronaldo, es un bebedor y un alcohólico que no puede controlar su enojo. Hace tres cosas cada noche: beber whisky, gritar a su esposa y perder el conocimiento. Tania, la mamá de Ana, no se queda atrás en expresar su enojo, de modo que también grita a su esposo y continuamente denigra de él con insultos y grosería. Dan portazos, golpean paredes y con frecuencia se lanzan lámparas, jarrones y platos. Se odian y han creado un hogar de caos para su hija.

Como si fuera poco, Tania es una madre extremadamente crítica. Se dedica especialmente a criticar el peso de Ana. A diario le pregunta acerca de su dieta y hace comentarios acerca de su apariencia. Cuando Ana luce delgada, Tania la felicita. Cuando no, al menos a los ojos de Tania, la critica. Su amor por Ana está directamente ligado al peso de la joven.

A lo largo de sus años de adolescencia, Ana ha tratado de hacer dos cosas: lograr controlar su vida caótica y agradar a su madre dominante. Ha encontrado la manera de matar dos pájaros de un solo tiro. Aguanta hambre. En los últimos cuatro años su ingesta de calorías ha caído en picada, de 2.000 a 200. Puede sentir sus costillas a través de su camisa. Usa blusas de talla infantil. Se ve como un esqueleto con piel.

A pesar de que las amigas de Ana la han confrontado respecto a su dieta y su apariencia, ella no tiene deseo alguno de cambiar. Después de todo, ¿para qué hacerlo? En su mente, su desorden alimenticio solamente la beneficia. Le da control. Agrada a su mamá. ¿Para qué renunciar a esto por un poco de comida?

¿Qué ha hecho Ana? Al adorar el control y la aprobación humana, ha demonizado la comida. Se ha convertido en su enemigo. Ella la considera un mal necesario para sobrevivir, pero nada más. Para Ana, la comida es basura. A fin de cuentas, eso es lo que termina siendo.*

REGALO: El regalo de la comida

Muchos idolatramos o demonizamos la comida. Entonces, ¿cuál es la manera *correcta* de verla?

Más allá del sustento

Enfrentemos los hechos: sin comida estamos muertos. Es el combustible para nuestro cuerpo. Es el regalo de Dios para sustentarnos. Pero ¿qué es la comida? ¿Sirve nada más para sustentarnos?

De ninguna manera. La Biblia muestra que el regalo divino de la comida trasciende el mero sustento. Por ejemplo, en el Antiguo Testamento la nación de Israel la usa para celebrar. Los israelitas expresan gratitud por la provisión de Dios y el poder redentor con tres fiestas anuales (Éxodo 23:14-17). La comida también es un elemento determinante en el sistema sacrificial del Antiguo Testamento. Se queman granos y carne sobre el altar como una expresión de adoración a Dios y para expiación de pecados (Levítico 1-16). Dios usa incluso la comida para entrenar a los israelitas. En el desierto, les proveyó maná diario, y solo diariamente, para enseñarles a depender de *Él* para su supervivencia, no de ellos mismos (Éxodo 16).

En el Nuevo Testamento, Jesús usa la comida para hacer milagros, alimentando a 5.000 con cinco panes y dos peces, por ejemplo (Juan 6:1-13). En la última cena, usa pan y vino para explicar a sus discípulos su muerte inminente (Marcos 14:12-26). En el futuro, Él usará comida para celebrar la victoria final de Dios sobre Satanás y la muerte en un espléndido banquete de bodas con Él y con su Novia, la Iglesia (Apocalipsis 19:6-9). Sí, a lo largo de la Biblia la comida tiene muchos más usos que el sustento físico.

Y Dios *nos* ha dado comida más que para sustentarnos simplemente. Nos la ha dado para experimentar placer. Él nos ha diseñado deliberadamente para que nuestras papilas gustativas interactúen con el sabor de la comida para generar sensaciones de felicidad. La ha dado para unirnos con otros. Comemos para celebrar fiestas, para reunirnos con posibles socios de negocios y para nuestras primeras citas amorosas. Dios incluso ha dado la comida como una forma de demostrar amor. Cuando cocinamos para otros, invitamos amigos a comer y repartimos comida entre los necesitados, los amamos, y de paso amamos a Dios.

La comida es mucho más que sustento físico. Es una bendición de Dios, su delicioso regalo para nosotros.

Cuatro preguntas de prueba

Entonces, ¿cómo sabes si no estás idolatrando ni demonizando la comida? ¿Cómo sabes si la consideras un regalo de lo alto, nada más y nada menos que eso? Seamos prácticos por un momento y formulemos algunas preguntas:

Primero, ¿oras antes de comer? ¿Oras *de todo corazón* y das gracias a Dios por la comida que vas a comer? Es fácil olvidar que la comida es un regalo de Dios, una bendición que viene directamente de su mano, si no la reconoces como tal por medio de la oración. Da gracias en oración. No como un ritual legalista, sino como una expresión sincera de gratitud a Aquel que ha provisto tu comida.

Segundo, ¿estás comiendo diariamente una cantidad adecuada de comida (con cierta flexibilidad, por supuesto)? Ni demasiado. Ni muy poco. No soy nutricionista, y el cuerpo y el metabolismo de cada persona son únicos, de modo que no puedo darte una fórmula del número de calorías que deberías consumir.

Y definitivamente hay lugar para las excepciones, como las fiestas y celebraciones, por ejemplo. Pero en general, ¿es tu ingesta de alimento ni demasiado exagerada ni demasiado escasa?

Tercero, ¿comes a un ritmo saludable? Quizás para ti funcione una rutina de desayuno-almuerzo-bocadillos-cena. O quizá prefieras comer cinco o seis comidas pequeñas al día para espaciar las porciones. El punto es que no hagas como yo en Manhattan, cuando comía una sola vez al día, ni como Diego, que comía *todo* el día, ni como Ana, que *nunca* comía.

Cuarto, ¿disfrutas tu comida? Nuestros gustos varían, de modo que no existe una medida de placer uniforme que se supone deberíamos experimentar cuando comemos. Aun así, ¿reconoces que la comida está *diseñada* para ser placentera? ¿Reconoces que Dios la ha creado como una fuente de deleite? ¿Reconoces que no es algo que deba escupirse, en sentido literal?

Formúlate estas cuatro preguntas. Son un buen punto de partida para determinar si estás manejando la comida como debe ser, como un regalo de Dios.

Comida verdadera

Sin embargo, para poder entender el *verdadero* regalo de la comida, tenemos que ver más allá de lo que va a nuestro estómago. El verdadero regalo de la comida no se encuentra en una tienda de comestibles, un restaurante o un mercado. Ni siquiera es comestible. En Juan 6, Jesús nos dice cuál es el verdadero regalo de la comida.

Es Él mismo.

¿Qué?

Justo después de alimentar a los 5.000, Jesús enseña a una gran multitud de judíos en una sinagoga de Capernaum, en la costa norte del mar de Galilea. Allí dice:

> De cierto, de cierto os digo: Si no coméis la carne del Hijo del Hombre, y bebéis su sangre, no tenéis vida en

> vosotros. El que come mi carne y bebe mi sangre, tiene vida eterna; y yo le resucitaré en el día postrero. Porque mi carne es verdadera comida, y mi sangre es verdadera bebida (Juan 6:53-55).

¿De qué habla Jesús? ¿Habla de canibalismo, como si Él fuera para ellos la primera comida? No. Comer su carne y beber su sangre significa creer en Jesús y consagrar nuestra vida a Él. ¿Qué promete Él si lo hacemos? Promete más de lo que la comida puede ofrecer. Promete satisfacción duradera (Juan 6:35). Promete aceptación incondicional (v. 37). Promete vida eterna (v. 40). Promete que estaremos unidos a Él ahora y para siempre (v. 56).

Jesús se refiere a Él mismo, simbólicamente, como comida. Pero Él es infinitamente mejor que la comida. Él es Dios. Y solo Él puede alimentar tu *alma*. Así que te invito a que junto conmigo escupas el agua salada de la comida y te deleites en una comida diferente. Una comida que nada tiene que ver con comer. Una comida más deliciosa que cualquier otra que este mundo pueda preparar.

Te lo garantizo, nunca más tendrás hambre.

**Nota de aclaración: Comprendo que mi descripción del desorden alimenticio de Ana puede sonar simplista. Admito que la anorexia es un problema clínico confuso, complejo y catastrófico que afecta la mente, el cuerpo y el alma. Tiene muchas raíces. En el caso de Ana, la raíz es la idolatría, pero no sugiero que esto ocurra en cada caso. Si la anorexia (o cualquier otro desorden alimenticio) es una lucha personal tuya (o de alguien que conoces), por favor, busca la ayuda de un consejero, un pastor o un amigo cristiano de confianza.*

15. OBRAS

"25 padrenuestros y 25 avemarías, por favor. ¡Ah!, y de rodillas".

Esta fue la tarea que me asignó un sacerdote católico después de haberle confesado formalmente mis pecados una tarde en la primavera de 1999. Atravesaba un período de curiosidad espiritual y, siendo que crecí católico, decidí explorar de nuevo la fe de mi infancia. Pensé que el confesionario era un buen lugar para empezar. Después de contarle la síntesis de una década de pecados en unos 15 minutos, el sacerdote agradeció mi sinceridad y me dijo que Dios me perdonaría si hacía las 50 oraciones. Así que me dirigí al santuario, puse el reclinatorio y las recité automáticamente.

¿Cómo me sentí después? Emocionado. Había borrado una década de desenfreno con una sesión de confesionario y una breve tarea espiritual. Diez años de rebelión desaparecieron en media hora. Quedé perdonado, purificado y protegido de la ira de Dios. Mi conciencia estaba tranquila. Dios me amaba otra vez. Me sentí fenomenal.

¿Cómo respondí a esto?

Llamé a mis amigos, fui directo al bar y me emborraché.

¿Cómo me justifiqué para actuar de esa manera? Podía regresar al mismo confesionario la semana siguiente, repetir el mismo procedimiento y ser perdonado otra vez. Le contaría al sacerdote mis aventuras y haría otra serie de sus ejercicios religiosos, y él haría un borrón y cuenta nueva. Estaría de regreso en el camino al cielo.

Sin embargo, en lugar de eso, yo estaba en un camino al infierno.

DIOS: Salvación por la piedad

¿Por qué? ¿Por qué era tan equivocada mi trayectoria espiritual aquel día? Estaba tomando sorbos de agua salada. ¿En qué forma? Obras. ¿Qué es una obra? Es cualquier palabra, acto o disciplina bienintencionado. Puede enfocarse en Dios: un ritual religioso, un régimen espiritual o una expresión de devoción santa. Puede enfocarse en las personas: una carta amorosa, un regalo generoso, una palabra afectuosa, un correo electrónico de aliento. Puede ser cualquier acción que tiene una motivación positiva y que está dirigida a Dios o al prójimo.

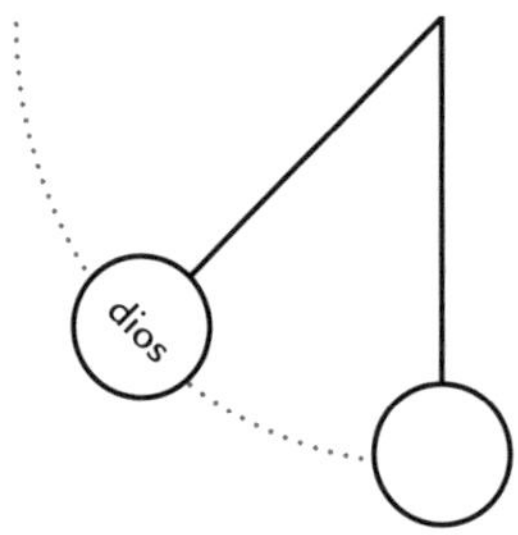

A pesar de que pocos cristianos afirmarían que podemos ser salvos por las obras, muchos vivimos como si pudiéramos serlo. Cuando oramos, ayunamos, servimos, diezmamos y evangelizamos, pensamos que Dios nos ama más. Cuando mentimos, engañamos, robamos, peleamos, envidiamos, nos jactamos, codiciamos o maldecimos, creemos que Dios nos ama menos. Vivimos como si nuestra posición delante de Dios dependiera de nuestro desempeño. Tomamos sorbos del agua salada de las obras.

Actuamos como el fariseo del capítulo 18 del Evangelio de Lucas...

El fariseo y el publicano

En Lucas 18, Jesús cuenta una parábola acerca de dos hombres. Uno es un fariseo, un miembro de una secta judía estricta que era conocida por su rigurosa obediencia a las leyes de Dios (y algunas de su propia autoría). El otro es un publicano, un miembro de una profesión que era conocida por su codicia, su engaño y sus prácticas corruptas en los negocios. Esto relata la historia:

> Dos hombres subieron al templo a orar: uno era fariseo, y el otro publicano. El fariseo, puesto en pie, oraba consigo mismo de esta manera: Dios, te doy gracias porque no soy como los otros hombres, ladrones, injustos, adúlteros, ni aun como este publicano; ayuno dos veces a la semana, doy diezmos de todo lo que gano.
>
> Mas el publicano, estando lejos, no quería ni aun alzar los ojos al cielo, sino que se golpeaba el pecho, diciendo: Dios, sé propicio a mí, pecador (Lucas 18:10-13).

Entonces Jesús relata lo que sucedió a cada uno.

> Os digo que este [el publicano] descendió a su casa justificado antes que el otro; porque cualquiera que se enaltece, será humillado; y el que se humilla será enaltecido (v. 14).

Jesús justifica al publicano y condena al fariseo. ¿Por qué?

Empecemos con el publicano. Jesús dice que él será exaltado. ¿Por qué? Porque es humilde delante de Dios (v. 14). Su actitud, su postura y sus golpes penitentes al pecho revelan un corazón que es consciente de que es pecador.

El publicano sabe que hace mucho tiempo se ha embriagado con agua salada, si bien se trata de un tipo diferente que la del fariseo, y sabe que merece castigo. Él sabe que solo tiene una manera de salvarse, y que no consiste en sus obras. Es la misericordia de Dios. Como resultado, Jesús lo declara justo.

Al mismo tiempo, Jesús condena al fariseo. ¿Por qué? Él no lo condena por su obediencia a los mandamientos de Dios. Dios no daría mandamientos si no deseara que los obedeciéramos. Él no lo condena por evitar el mal. Dios aborrece el mal y quiere que huyamos de él. Jesús condena al fariseo porque está parado en un pedestal espiritual que él mismo ha erigido. Él cree que se ha ganado el sello de aprobación de Dios obedeciendo la Torá hasta el mínimo detalle. Y se enorgullece de ello. Menosprecia a todos los demás por su falta de santidad (Lucas 18:9). Con arrogancia toma sorbos del agua salada de las obras. Y Jesús revela lo que le sobrevendrá. Será humillado.

¿Por qué es tan grave?

¿Por qué odia tanto Dios que bebamos el agua salada de las obras? Por tres razones.

Primero, porque es blasfemia. Beberla es declarar que tenemos el poder para pagar nuestra deuda por nuestros pecados. Es afirmar que nosotros, simples mortales creados por el infinitamente santo Dios, podemos aplacar su ira. Es creer que tenemos la capacidad de reparar el abismo que produjo el pecado entre Dios y nosotros. Es creer que somos nosotros los que salvan, no Él. Es blasfemia.

Segundo, cuando tomamos sorbos del agua salada de las obras, nos justificamos a nosotros mismos y nos volvemos hipócritas. En Efesios 2, el apóstol Pablo dice lo siguiente:

> Porque por gracia sois salvos por medio de la fe; y esto no de vosotros, pues es don de Dios; no por obras, *para que nadie se gloríe* (Efesios 2:8-9).

Pablo sabe que vamos a gloriarnos si pensamos que nuestras obras nos han salvado. Nos volveremos presumidos como el fariseo. Nos enorgulleceremos de nuestra piedad. Y el libro de Proverbios deja claro lo que siente Dios por el orgulloso:

Abominación es a Jehová todo altivo de corazón; ciertamente no quedará impune (Proverbios 16:5).

Tercero, cuando tomamos sorbos del agua salada de las obras, la cruz es vana. Si podemos salvarnos a nosotros mismos por medio de nuestro desempeño espiritual, eso significa que Dios no tenía que matar a su Hijo. Que Jesús no tenía que ser burlado, azotado, flagelado ni golpeado. Que no hacía falta que los clavos atravesaran sus manos. Que Él no tenía que experimentar la separación infinita del Padre. Que la crucifixión era innecesaria, una falla inútil de parte de Dios. Cuando bebemos el agua salada de las obras, declaramos que el acto de amor más grande de Jesús, que es entregar su vida por nosotros (1 Juan 3:16), no fue amor. Que fue una tontería.

Dios *odia* cuando bebemos el agua salada de las obras. Es blasfemo, cultiva la arrogancia y menoscaba el poder de la cruz. Si la estás bebiendo, te ruego que por favor la escupas junto conmigo.

BASURA: Salvación por licencia

Muchos estamos tomando sorbos del agua salada de las obras. Creemos que pueden salvarnos y las tratamos como dioses. Pero ¿hay personas que inclinan el péndulo en la dirección opuesta? ¿Hay personas que tratan las obras como basura? Sí, las hay. Y algunas profesan ser cristianas. Como William:

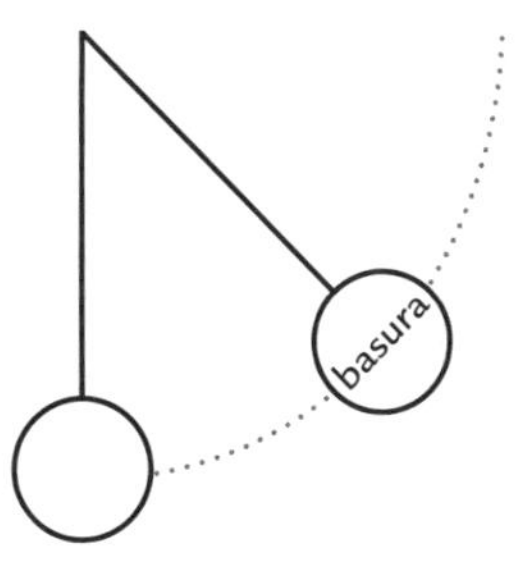

William

William es estudiante en una universidad estatal en la zona rural de Tejas. En sus años de infancia y adolescencia asistió a una megaiglesia de los suburbios que ascendía a 20.000 miembros. El mensaje de la iglesia era el mismo cada domingo: ¡Dios te ama! Él. Te. Ama. Te ama tanto, tanto, que estuvo dispuesto a enviar a su Hijo a morir por tus pecados. No hay *nada* que puedas hacer para ganar tu salvación. No hay *nada* que puedas hacer para perderla entre tanto que creas en Él. La gracia es lo único que importa. La gracia. La gracia. La gracia.

Si bien este mensaje acerca de la gracia es correcto en términos técnicos, los pastores de la iglesia omitieron estratégicamente otras partes de la Biblia. Específicamente, las partes acerca de la santidad de Dios y cómo Él exige *nuestra* santidad (por ejemplo, 1 Pedro 1:15-16). Los pastores nunca hablaron acerca del estricto código moral de Dios. Nunca mencionaron nuestra necesidad de arrepentirnos cuando infringimos su ley. Nunca hablaron acerca del deseo de Dios de que hagamos buenas obras. Nunca enseñaron que la fe auténtica *siempre* debe manifestarse por medio de buenas obras.

Centraron toda su atención en Efesios 2:

> Porque por gracia sois salvos por medio de la fe; y esto no de vosotros, pues es don de Dios; no por obras, para que nadie se gloríe (Efesios 2:8-9).

Sin embargo, omitieron Santiago 2:

> Porque como el cuerpo sin espíritu está muerto, así también la fe sin obras está muerta (Santiago 2:26).

Dado que los pastores de William nunca hablaron acerca de las exigencias de Dios de vivir en santidad y de practicar buenas obras, él cree que está bien vivir como él quiera, siempre y cuando crea en Jesús. De modo que está metido hasta el cuello en una vida de pecado. Tiene sexo con cualquiera. Es adicto a la pornografía. Se emborracha diariamente. Copia las tareas de sus amigos y hace trampa en los exámenes. Es grosero, obsceno y vulgar. No siente convicción alguna de pecado. No siente culpa. No siente dolor, remordimiento ni el deseo de cambiar. Y, para completar, ha abandonado todas las disciplinas espirituales que sus padres le enseñaron desde pequeño. Ya no va a la iglesia. Nunca abre su Biblia. No ora. La única persona a la que sirve es a él mismo. Nadie en la universidad sabe que él es cristiano. Con todo, él está convencido que va a ir al cielo. Está convencido de que es salvo por su fe en Cristo.

¿Cuál es el problema con esto? Que no lo es. Su fe no tiene obras. Su fe está muerta.

¿Una póliza de seguros?

¿Te sientes identificado con la historia de William? ¿Al menos un poco? ¿Conviertes a veces la gracia de Dios en una licencia para pecar? ¿Crees que Dios es tan amoroso y tan misericordioso que va a llevarte al cielo sin importar cómo vivas? ¿Es Cristo nada más una póliza de seguros para protegerte de daños después de la muerte? ¿Consideras como William que las disciplinas espirituales son inútiles? ¿Consideras que las obras son innecesarias a la larga?

Para decirlo sin rodeos, ¿te llamas a ti mismo un cristiano y aun así vives como todos los demás? Si es así, al igual que William, tu fe está muerta. Y tu destino eterno está en juego.

REGALO: El regalo de las obras

Algunos vivimos como el fariseo. Tratamos las obras como dioses. Algunos vivimos como Willliam. Tratamos las obras como basura. Ambas perspectivas son incorrectas. Entonces, ¿cómo debemos ver las obras?

La motivación lo es todo

Primero, en lo concerniente a las obras, la motivación es *todo*. Podemos hacer obras excepcionales por los motivos equivocados, y Dios las considera como trapos de inmundicia (Isaías 64:6). ¿Cuál debe ser la motivación de un cristiano para hacer buenas obras? No debemos hacerlas para ser salvos; debemos hacerlas porque *ya* somos salvos. No debemos obedecer a Dios para ganarnos su favor; debemos obedecerlo porque *ya* tenemos su favor. No debemos orar, servir, ayunar, asistir a la iglesia o leer la Biblia para rescatarnos a nosotros mismos del infierno; debemos hacer estas cosas porque *ya* hemos sido rescatados del infierno. Somos salvos por gracia, por medio de la fe en Cristo, y nuestra salvación debe producir buenas obras.

Dicho de otra manera, si hacemos buenas obras para ganar la salvación, están motivadas por el egoísmo. Son tácticas manipuladoras para ganar un lugar en el cielo. Y son una abominación a Dios. Si, por el contrario, nuestras obras están motivadas por la gratitud porque *ya* tenemos la salvación, estas obras glorifican a Dios. Son respuestas de adoración a una salvación que está asegurada. Y Él las ama.

Cuando se trata de las obras, la motivación lo es todo.

La bendición es nuestra recompensa

Segundo, Dios nos recompensará por hacer buenas obras. ¿Cuál es su recompensa? Seremos "bienaventurados". El autor del primer salmo dijo lo siguiente:

> Bienaventurado el varón que no anduvo en consejo de malos, ni estuvo en camino de pecadores, ni en silla de

> escarnecedores se ha sentado; sino que en la ley de Jehová está su delicia, y en su ley medita de día y de noche (Salmo 1:1-2).

El autor del salmo describe a una persona que evita el mal. Una persona comprometida con la santidad. Una persona obsesionada con la ley del Señor, la Biblia. Una persona que se deleita en ella, medita en ella sin cesar y la obedece. Describe a una persona que hace buenas obras. Dice que esa persona será "bienaventurada".

¿Cómo nos bendice Dios cuando hacemos buenas obras? No necesariamente nos hace felices. Ni saludables. Ni atractivos o a la última moda, ni nos casa con la pareja perfecta. Más bien, conforme hacemos buenas obras, Él nos transforma. El versículo 3 nos dice cómo:

> Será como árbol plantado junto a corrientes de aguas, que da su fruto en su tiempo, y su hoja no cae; y todo lo que hace, prosperará (Salmo 1:3).

A medida que hacemos buenas obras, Dios nos moldea para que demos fruto. Nos volvemos más amorosos. Más pacientes, leales, mansos y tenemos más dominio propio. Nuestras palabras se vuelven más edificantes. Nuestras acciones se vuelven más abnegadas. Aun cuando el calor aumenta y la lluvia cesa, cuando surgen las tentaciones, seguimos produciendo fruto. Nos convertimos en las personas que fuimos creadas para ser antes de la caída. Nos volvemos más como seremos en el paraíso.

Y conforme hacemos buenas obras, nos volvemos más como Jesús. *Así* es como Dios nos bendice.

La bendición más grande

Sin embargo, la bendición más grande que recibimos por las obras nada tiene que ver con *nuestras* obras. Somos bendecidos gracias a las obras de otra persona. Una serie de obras que fueron infinitamente más santas y más sacrificadas que cualquiera que tú o yo podamos hacer jamás.

Me refiero a las obras de Cristo. ¿Qué hizo Él? Primero, obedeció al Padre perfectamente. Nunca adoró un ídolo. Nunca usó el nombre del Señor en vano. Siempre observó el día de descanso y honró a sus padres. Nunca asesinó, cometió adulterio, robó, mintió ni codició. Nunca sintió una pizca de ira profana. Nunca fue perezoso ni lujurioso. Nunca fue codicioso ni glotón. Nunca tomó un solo sorbo de agua salada. Fue tentado en todo, como nosotros, y aun así nunca pecó (Hebreos 4:15). Amó al Padre perfectamente obedeciéndolo perfectamente.

Segundo, Jesús amó a otros de manera perfecta. Puso las necesidades de los demás por encima de las suyas. Alimentó a los hambrientos. Comió con los marginados. Lavó los pies de sus discípulos. Oró tanto por amigos como por enemigos. Fue manso cuando la situación requirió mansedumbre, y firme cuando se necesitó firmeza. Demostró una bondad sin igual. Fue paciente en todo momento. De manera incondicional manifestó su cuidado, consideración y compasión. Fue amor en forma humana. Cada día de su vida.

Sin embargo, la obra más grande de Jesús, su mayor acto de amor, tuvo lugar el día de su muerte. Tuvo lugar en la cruz. Allí, Él padeció una muerte que nunca le correspondía experimentar. Una muerte que Él eligió morir. Una muerte reservada únicamente para pecadores como tú y como yo. Una muerte tan dolorosa como el infierno mismo. Una muerte que padeció por amor. Amor por el Padre. Amor por otros. Amor indescriptible. Amor *perfecto.*

¿Por qué son estas obras, las obras *de Cristo*, su vida perfecta y su muerte en sacrificio, una bendición tan grande para nosotros? Porque han asegurado nuestra salvación. Son suficientes para apaciguar la ira de Dios (Romanos 5:9). Nos abrieron la puerta para que tengamos una relación con el Padre ahora y para siempre. Gracias a la vida y a la muerte de Jesucristo hemos recibido el paraíso. Atisbos de paraíso en el presente. Paraíso eterno en el futuro.

Sin embargo, hay dos condiciones para que esto se cumpla en *ti*. Primero, debes poner tu fe en Él. Debes creer que la vida sin mancha de Jesús y su muerte abnegada fueron necesarias y son suficientes para salvarte. Segundo, debes dejar de tratar de salvarte *a ti mismo*. Debes escupir el agua salada de las obras. Debes dejar de ganarte un lugar en el cielo pecando menos, obedeciendo más y "siendo una buena persona". Debes descansar en el hecho de que Jesús fue la persona perfecta y que *eso* es suficiente.

¿Lo harás?

UNA BREVE NOTA ACERCA DE PAPÁ

Para papá. Te veré pronto.

Al cierre de este libro puede que te preguntes por qué escogí esta dedicatoria del comienzo. No la escogí porque mi papá dejó de beber y nos volvimos los mejores amigos. Él no dejó de beber. No nos volvimos los mejores amigos. Entonces, ¿por qué la escogí?

Empezaré con la frase: "*Para papá*". Escogí esta frase como una expresión de perdón. Papá, te perdono. Te perdono por abandonar a nuestra familia cuando te necesitábamos. Te perdono por mentirnos y pretender ser alguien que no eras. Te perdono por permitir que el alcohol rompiera los lazos de la relación padre-hijo. Te perdono por no asistir a mi boda. Te perdono por herir a mamá. Te perdono por tomar agua salada. ¿Por qué? Porque Cristo me ha perdonado. Por el perdón que he recibido, yo te perdono.

Ahora la segunda frase: "*Te veré pronto*". ¿Por qué escribí esto? Por una razón. Un sábado en la tarde, tres semanas antes de que mi padre falleciera, yo lo visité en su casa. Lo sorprendí en un día en el que estaba excepcionalmente lúcido y conversador. Como es obvio, fui a verlo con un plan; iba a leerle la Biblia.

Específicamente, el Evangelio de Juan. Después de media hora de visita, él se cansó y necesitó recostarse para descansar. Yo sabía que esa era mi oportunidad. De modo que le pregunté si podía leerle mientras él descansaba. Él accedió.

Durante los siguientes 45 minutos, le leí a mi padre las Escrituras en voz alta. Después de cada capítulo, le pregunté si quería que me detuviera. Solo cuando terminé Juan 6 me lo dijo. Y entonces le hice una pregunta.

—¿Papá?

—¿Qué?

—Todo lo que acabo de leer... ¿lo crees?

Se quedó pensando.

—Sí.

—No, papá, en serio, *¿lo crees?* —necesitaba asegurarme de que él entendía el peso de mi pregunta y su respuesta—: ¿Crees en Jesús? ¿Crees que eres un pecador que necesita gracia? ¿Crees que Jesús vivió, murió y resucitó de los muertos para salvarte? ¿Crees que confiar en Cristo ahora mismo significa que eres perdonado para siempre? ¿Por todo? ¿Por *todo*? ¿Estás dispuesto a entregarle tu vida?

Hizo otra pausa.

—Sí.

Y en ese momento, creo que mi papá se volvió cristiano. Bebió agua viva por primera vez. Diez minutos después de oír la historia de Insacia en el pozo.

Mi papá murió el 27 de agosto de 2015. No tuvo mucho tiempo después de nuestra conversación para vivir su fe. Sin embargo, como el ladrón en la cruz (Lucas 23:40-43), eso no importó. Él le entregó su vida a Cristo. Entregó todo. Le ofreció su alma a Dios. Y yo creo que está en el paraíso.

Papá, nos veremos pronto.

GRACIAS...

Gracias a todos lo que hicieron posible que fuera un gozo escribir *No tendrás sed jamás.* Gracias a Abby por animarme a cada paso del camino. Gracias a Alison por enseñarme con paciencia y amabilidad cómo escribir con claridad y precisión bíblica. Gracias a Tim, a Jon y a Ed por sus consejos invaluables en diferentes momentos de mi carrera pastoral. Este libro no sería posible sin todos ustedes.

EDITORIAL
PORTAVOZ

NUESTRA VISIÓN

Maximizar el efecto de recursos cristianos de calidad que transforman vidas.

NUESTRA MISIÓN

Desarrollar y distribuir productos de calidad —con integridad y excelencia—, desde una perspectiva bíblica y confiable, que animen a las personas a conocer y servir a Jesucristo.

NUESTROS VALORES

Nuestros valores se encuentran fundamentados en la Biblia, fuente de toda verdad para hoy y para siempre. Nosotros ponemos en práctica estas verdades bíblicas como fundamento para las decisiones, normas y productos de nuestra compañía.

Valoramos la excelencia y la calidad.
Valoramos la integridad y la confianza.
Valoramos el mérito y la dignidad de los individuos y las relaciones.
Valoramos el servicio.
Valoramos la administración de los recursos.

Para más información acerca de nuestra editorial y los productos que publicamos visita nuestra página en la red: www.portavoz.com.